Duden

Deutsch

Texte schreiben

5./6. Klasse

Üben in 15 Minuten

Dudenverlag
Berlin

Inhaltsverzeichnis

1 Erzählen

2 Beschreiben

3 Sachlich berichten

1 Erzählen

Ideen sammeln und ordnen

Wenn du etwas schriftlich **erzählst,** gibst du ein **Ereignis** oder eine **Handlung** wieder. Dabei schreibst du möglichst spannend oder lustig, damit deine Geschichte **Interesse weckt** und unterhaltsam ist. Aber zuerst musst du wissen, **worüber du** schreiben willst:

- → **Erlebniserzählung:** Hier geht es um ein besonderes Erlebnis, das du hattest.
  Beispiele: „Mein Siegertor in der vorletzten Minute", „Mein Auftritt im Theater", „Im Wald verirrt"
- → **Traum- oder Fantasiegeschichte:** Du kannst dir auch eine Geschichte ausdenken, wie sie in Wirklichkeit nicht geschehen würde.
  Beispiele: „Wie ich mit den Eulen durch die Nacht flog", „Was ich im Jahr 2200 erlebe", „Mein Abenteuer mit dem Geist"

Steht dein Thema fest, musst du **Ideen** sammeln. Dabei helfen diese **W-Fragen:**

- → Was ist das Besondere in dieser Geschichte?
- → Warum willst du gerade darüber erzählen?
- → Welche Personen kommen vor?
- → Wo und wann spielt die Geschichte?
- → Was passiert genau?

1 **Ordne zu und schreibe den richtigen Buchstaben in die Klammern: Was gehört zur Erlebniserzählung „Im Wald verirrt" (E) und was zur Fantasiegeschichte „Mein Abenteuer mit dem Geist" (F)?**
Tipp: Zur Fantasiegeschichte gehören sieben Ideen.

mit der Klasse letzten Montag auf einem Waldlehrpfad (__) – vorm Einschlafen lesen im Bett (__) – es klopfte ans Fenster (__) – an einer Infotafel über Waldtiere (__) – die anderen liefen voraus (__) – meine Freundin und ich füllten noch Arbeitsblatt aus (__) – das Klopfen wurde lauter (__) – die Stimmen der anderen entfernten sich (__) – plötzlich nur noch Waldgeräusche (__) – ich schloss die Vorhänge (__) – Nebel wehte in mein Zimmer (__) – welcher Weg war der richtige? (__) – kein Handyempfang (__) – eine fast durchsichtige Gestalt kam auf mich zu (__) – Geist bat schüchtern um Hilfe (__)

2 **Welche Ideen hast du noch zu den beiden Geschichten? Trage sie ein.**

Erlebniserzählung „Im Wald verirrt“	Fantasiegeschichte „Mein Abenteuer mit dem Geist“

3 **Beantworte für beide Geschichten diese Fragen.**
Tipp: Nutze dazu die Angaben aus den Aufgaben 1 und 2.

	Erlebniserzählung	Fantasiegeschichte
Was ist das Besondere?		
Welche Personen kommen vor?		
Wo und wann spielt die Geschichte?		
Was passiert?		
Wie könnte die Geschichte ausgehen?		

So liefen die Übungen:

____

Anschaulich und lebendig erzählen

Damit man deine Geschichte gern liest, beachte bei der Sprache und den **Formulierungen** einige Tipps:

→ Verwende abwechslungsreiche Verben und passende Adjektive!
Beispiele: flüstern, schreien, murren, rufen, murmeln (statt: sagen) …
Ein Baum kann so sein: riesig, verwachsen, krumm, majestätisch, mickrig, kerzengerade, gewaltig, schützend …

→ Drücke auch Gefühle und Gedanken aus!
Beispiele: Als es im Wald langsam dunkel wurde, trauten wir uns kaum zu sprechen. Angestrengt horchten wir auf jedes Geräusch. Ob wir je aus diesem Wald herausfinden würden?

→ Setze wörtliche Rede ein!
Beispiele: Meine Freundin fasste meine Hand und flüsterte: „Hinter uns ist ein seltsames Geräusch! Es kommt immer näher!" Mein Herz klopfte laut.

→ Wechsle deinen Satzbau ab! Verwende Haupt- und Nebensätze. Vermeide lange Schachtelsätze.
Beispiele: Unsere Füße waren wie am Boden festgenagelt. In meinen Ohren rauschte es. Würde uns gleich ein wildes Tier angreifen? Es könnten auch finstere Gestalten sein, die sich hier im Wald versteckten. Bevor wir einen klaren Gedanken fassen konnten, hörten wir plötzlich laute Rufe.

1 **Finde im rechten Silbenfeld fünf Adjektive, die einen Waldweg beschreiben. Finde links fünf Verben zum Wortfeld *gehen*. Schreibe die Wörter auf.**
Tipp: Wenn dir noch eigene Wörter einfallen, schreibe sie dazu.

schlen · dern · has · hum · ten · spa · zie · peln · ren · ren · nen

be · wach · sen · stei · holp · nig · rig · schig · mat · vig · kur

Waldweg: ______________________________

____

gehen: ______________________________

____

2 **Was könnten die folgenden Personen in dieser Situation denken oder fühlen? Schreibe jeweils einen passenden Satz in der Ich-Form auf.**

Ein Mädchen hat gerade den Bus verpasst. „ ______________________________

______________________________ “

Ein Junge gewinnt bei einer Tombola den Hauptgewinn. „ ______________________________

______________________________ “

3 **Verbessere die folgenden Sätze mithilfe der vier Tipps aus dem Erklärtext und schreibe deinen Text auf.**

Unsere Lehrerin hatte mit zwei Helfern im Wald nach uns gesucht. Sie hatten das Geräusch verursacht, das uns erschreckt hatte. Sie riefen nach uns. Wir waren froh, dass sie uns gefunden hatten.

____

____

____

____

____

____

So liefen die Übungen:

____

Nacherzählen

Erzählst du anderen manchmal im Gespräch, was du in einem Buch gelesen oder in einem Film gesehen hast? Damit deine Zuhörer die Geschichte verstehen, gibst du Antworten auf diese **W-Fragen:**

- → **Was** passiert in der Geschichte?
- → **Welche** Personen kommen vor?
- → **Wo** und **wann** findet die Geschichte statt?

Auch beim **schriftlichen Nacherzählen** beantwortest du die **W-Fragen**. Damit man sich die Geschehnisse gut vorstellen kann, erzählst du aber auch interessante **Einzelheiten,** die dazu gehören. Wichtig ist, dass du die **Reihenfolge** aus der Originalgeschichte beibehältst und nicht vorab verrätst, wie die Geschichte ausgeht. Sonst hat die Nacherzählung keine Spannung.

1 **Über den Schelm Nasreddin Hodscha werden viele Geschichten erzählt. Lies die sechs Textteile und bringe sie in die richtige Reihenfolge.**

Nasreddin Hodscha und der Duft der Speisen

☐ Es ist schon mehr als hundert Jahre her. Da kam Nasreddin Hodscha während einer Reise durch ein türkisches Dorf. Aus dem offenen Fenster eines Wirtshauses wehte so ein wunderbarer Duft nach köstlichen Speisen, dass Nasreddin das Wasser im Mund zusammenlief.

☐ „So, so, aber dann musst du auch bezahlen!", verlangte der Wirt. Nasreddin zog seine letzten Münzen aus der Tasche und klimperte mit ihnen herum, gab sie aber nicht her.

☐ „Wenigstens will ich den Duft genießen", dachte er, lehnte sich mit geschlossenen Augen an die Wand unterhalb des Fensters und atmete tief ein. Dabei stellte er sich den Geschmack jeder einzelnen Speise vor.

☐ „Was soll das? Wieso bezahlst du nicht?", empörte sich der Wirt. „Wer den Duft seiner Speisen verkaufen will, bekommt das Klimpern der Münzen als Bezahlung", antwortete Nasreddin und zog – immer noch hungrig – davon.

☐ Auf einmal schaute der Wirt aus dem Fenster und entdeckte ihn. „He, was tust du da?", rief er. „Ich nehme eine Nase voll von dem Duft deines wunderbaren Essens!", antwortete Nasreddin.

☐ Seine letzte Mahlzeit lag schon länger zurück. Da er aber kaum noch Geld hatte, konnte er sich eine Einkehr nicht leisten.

2 **Beantworte drei W-Fragen zu dieser Geschichte.**

Welche Personen kommen vor?

____

Wo findet die Geschichte statt?

____

Wann findet die Geschichte statt?

____

3 **Lies den Anfang der Nacherzählung. Schreibe auf, wie es weitergeht.**

Die Geschichte passierte vor mehr als hundert Jahren in einem türkischen Dorf. Nasreddin Hodscha hatte Hunger, aber kein Geld, um sich ein Essen zu kaufen. Als er an einem Gasthaus vorbeikam, zog ein verlockender Speiseduft aus einem Fenster. Nasreddin blieb stehen und sog genießerisch diesen Duft ein. Auf einmal bemerkte …

____

____

____

____

So liefen die Übungen:

_____________ 😊 😐 ☹

Reizwortgeschichte

Bei einer Reizwortgeschichte werden drei oder mehr **Wörter vorgegeben,** die in einer von dir geschriebenen, spannenden Geschichte **vorkommen** müssen. Die Wörter regen die Fantasie an. Manchmal bietet sich das Thema für die Geschichte bereits an, aber du kannst den Inhalt der Geschichte selbst bestimmen und eigene Lösungen finden.

Beispiele: **Reizwörter sind Katze – Baum – Feuerwehr.**
Es könnte darum gehen, dass eine Katze auf einen Baum geklettert ist und nicht mehr herunterfindet. Die Feuerwehr kann die Katze mithilfe einer Leiter erreichen und sie vom Baum holen.
Oder: Die Feuerwehr räumt einen umgestürzten Baum von einer Straße und findet dabei eine Katze, die unter den Zweigen unverletzt blieb.

Regeln für eine Reizwortgeschichte:
- Die vorgegebenen Wörter müssen vorkommen.
- Die Geschichte bekommt eine passende **Überschrift.**
- Der Text ist im **Präteritum** (Vergangenheit) geschrieben.
- Es gibt eine **Einleitung,** einen **Hauptteil** mit dem Höhepunkt und einen **Schluss.**

1 **Welche Überschrift könnte jeweils zu den Reizwörtern A bis C gehören? Verbinde.**

A: Katze – Baum – Feuerwehr

Der Verrat der Freundin

B: Schwimmbad – Fünfmeterbrett – Angst

Hilfe aus großer Not

Mutig mit Bauchklatscher

C: Tagebuch – Geheimnis – Versteck

2 **Wähle A, B oder C aus Aufgabe 1 aus und schreibe Stichwörter zu einer Geschichte auf, die dir zu diesen Reizwörtern einfallen.**

3 **Lies folgende Geschichte zu den Reizwörtern B aus Aufgabe 1. Markiere mit senkrechten Strichen, bis wohin die Einleitung und der Hauptteil reichen. Unterstreiche die Sätze, die zum Höhepunkt gehören. Kreise die Reizwörter ein.**

An einem heißen Sommertag verbrachte ich den Nachmittag vergnügt im Schwimmbad. Auf einmal lief mir ein Mitschüler über den Weg. Ich mochte ihn nicht besonders, weil er oft so angeberisch war. Darum grüßte ich nur kurz und wollte weitergehen. Er hielt mich aber fest und sagte: „Ich bin gerade zehnmal vom Fünfmeterbrett gesprungen. Hast du das auch schon gemacht?" Ich ärgerte mich über seine Angeberei und wollte nicht zugeben, dass ich bisher nur vom Dreier gesprungen war. Ohne lange zu überlegen, hörte ich mich sagen: „Na klar, schon oft!" „Dann komm mit", antwortete er und schob mich Richtung Sprungturm. Mir wurde mulmig. Zögerlich stieg ich hinter ihm die Leiter hoch. „Oje, ist das hoch!", dachte ich voller Angst. Dann beobachtete ich, wie er hinuntersprang. Unten stellte er sich an den Beckenrand und wartete. Ich ließ anderen den Vortritt. Vielleicht würde er die Geduld verlieren und weggehen? Von wegen! Stattdessen hörte ich ihn rufen: „Du traust dich nicht, du Angsthase!" Das wollte ich nicht auf mir sitzen lassen, ich nahm Anlauf und sprang. Allerdings kam ich mit einem Bauchklatscher unten auf. Autsch – das tat weh! Ich kletterte aus dem Wasser und ging auf meinen Mitschüler zu. Er hob den Daumen und grinste. Er hatte meine Lüge durchschaut. Immerhin hatte ich den Sprung gewagt, und der Bauchklatscher war wohl die kleine Strafe für meine Unwahrheit.

So liefen die Übungen:

____

Bildergeschichte

Für eine Bildergeschichte bekommst du als **Vorlage** eine Reihe mit **Einzelbildern,** aus denen du ablesen kannst, was in der Geschichte passiert. Du erzählst die Handlung in der **Reihenfolge der Bilder.** Den dargestellten Personen kannst du Namen geben. Du schreibst immer im **Präteritum** (Vergangenheit).

Beispiel:

Gehe in folgenden Schritten vor:

1. Sieh dir die Bilder genau an. Was ist darauf zu sehen?
2. Schreibe zu jedem Bild einige Stichwörter auf. Achte nicht nur auf die Hauptperson(en), sondern auch auf die Umgebung, die Stimmung usw.
3. Schreibe mithilfe deiner Stichwörter eine Einleitung.
4. Schreibe den Hauptteil in einer abwechslungsreichen Sprache. Wo es passt, verwende wörtliche Rede.
5. Gib im Schlussteil eine Zusammenfassung oder einen Ausblick an.
6. Finde eine passende Überschrift.

1 **Lies die Geschichte, die zu den Beispielbildern oben geschrieben wurde. Ergänze eine passende Überschrift und einen Schlusssatz.**

Überschrift: ______________________________

Neulich wollte Jara einkaufen gehen. Als sie aus dem Haus trat, regnete es stark. „Ich brauche einen Schirm", dachte das Mädchen und lief nochmal in die Wohnung. Mit dem größten Schirm, den sie finden konnte, kehrte sie zurück. Es war gar nicht einfach, ihn aufzuspannen, denn inzwischen war es auch sehr stürmisch geworden. Mit beiden Händen musste Jara den Griff festhalten, während der Wind mächtig an ihr rüttelte. Plötzlich wehte eine gewaltige Windböe unter den Schirm. Jara merkte, dass sie hochgehoben wurde. Sie klammerte sich an dem Griff fest.

2 **Schreibe zu jedem Bild Stichwörter auf.**

1 2 3 4

3 **Kreuze an: Welche Überschrift wählst du für die Geschichte aus Aufgabe 2? Welcher Schlussteil passt am besten zu deiner Geschichte?**

Überschriften	Schlussteil
☐ Der geheimnisvolle Schatten	☐ Eine Taschenlampe würden Lea und Nils beim Zelten nie mehr vergessen.
☐ Angst in dunkler Nacht	☐ Obwohl sie zu zweit waren, wollten sie heute Abend nicht mehr im Zelt schlafen.
☐ Kein Grund zur Aufregung	☐ „Warum hast du mir vorhin auch so eine gruselige Geschichte erzählt?“, schimpfte Lea, „da musste man ja Angst bekommen!“

So liefen die Übungen:

1

Erlebniserzählung

In einer Erlebniserzählung schreibst du über ein Erlebnis, das du entweder selbst erlebt oder aus der Nähe mitbekommen hast. Du kannst das Erlebnis ausschmücken und ergänzen. Wichtig ist, dass sich das Geschehen so zugetragen **haben könnte.**

So gehst du vor:

- Schreibe interessant und unterhaltsam.
- Gliedere die Geschichte in **Einleitung, Hauptteil** und **Schluss** – der **Höhepunkt,** also der spannendste Moment, passiert am Ende des Hauptteils.
- Achte auf eine **abwechslungsreiche Sprache,** z. B. bei den Satzanfängen.
- Schreibe im **Präteritum** (Vergangenheit).
- Finde eine **Überschrift,** die Neugier weckt.

1 **Bringe die Stichwörter, die zu einer Erlebniserzählung gehören, in die richtige Reihenfolge von 1 bis 8.**

[1] Abendspaziergang mit dem Hund

[ ] Hund bekommt vom Ladenbesitzer Wurst als Belohnung

[ ] Ladenbesitzer ruft die Polizei

[ ] Stöckchen werfen auf dem Stadtwall

[ ] Lautes Bellen des Hundes alarmiert Ladenbesitzer

[ ] Rückweg durch die menschenleere Fußgängerzone

[ ] Mann versucht Ladentür aufzubrechen

[ ] Einbrecher flieht, wird aber von der Polizei gefangen

2 **Hier siehst du den Aufbau einer Erlebniserzählung als Schema. Trage die Ziffern 1 bis 8 aus Aufgabe 1 an den richtigen Stellen ein.**

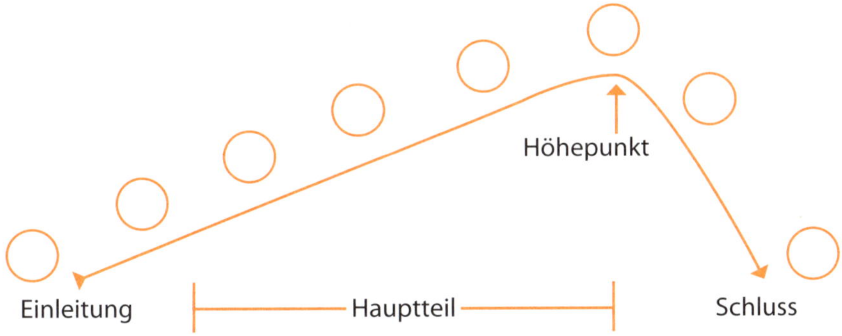

3 **Welche Überschrift weckt am meisten Neugier auf die Geschichte? Kreuze an.**

- ☐ Gassi gehen
- ☐ Eine Wurst zur Belohnung
- ☐ Der Einbruch
- ☐ Abends in der Innenstadt

4 **In diesem Textausschnitt fangen viele Sätze mit „Dann“ an. Finde für die markierten Stellen abwechslungsreiche Ausdrücke und schreibe sie auf.**
Tipp: Es sind einige Vorschläge angegeben.

Schließlich – Inzwischen – Anschließend – Plötzlich – Jetzt – Sofort

… Wir spielten Stöckchenwerfen auf dem Stadtwall, bis ich keine Lust mehr hatte. Dann machten wir uns auf den Heimweg und gingen durch die menschenleere Fußgängerzone. Dann sah ich, dass sich ein dunkel gekleideter Mann mit einigem Werkzeug an einer Ladentür zu schaffen machte. Dann hatte auch mein Hund Lupo den Mann bemerkt und er begann, laut zu bellen. Dann öffnete sich ein Fenster im ersten Stock und jemand beugte sich hinaus, um nachzusehen, was draußen vor sich ging. …	______ ______ ______ ______

So liefen die Übungen:

____

1

Fantasiegeschichte

In einer **Fantasiegeschichte** erzählst du etwas, das du im echten Leben niemals erleben könntest. Du kannst dir die fantastischsten Dinge ausdenken und in **andere Welten** einsteigen. Allerdings muss innerhalb der Geschichte alles logisch sein und die fantastischen Elemente müssen für das Geschehen einen Zweck erfüllen.

- → Beginne deine Geschichte so, dass bei den Leserinnen und Lesern sofort **Neugier geweckt** wird.
- → Achte darauf, dass sich die Geschichte aus deiner **Hauptidee** heraus entwickelt. Es geht nicht darum, dass du möglichst viele fantastische Ideen umsetzt, die Leser sollen sich in der Geschichte zurechtfinden.
- → Gliedere die Geschichte in **Einleitung** (hier führst du in die fantastische Welt ein), **Hauptteil** (hier wird die Spannung bis zum Höhepunkt gesteigert) und **Schluss** (hier führst du die Leserinnen und Leser zurück in die reale Welt).
- → Achte auf eine **abwechslungsreiche Sprache.**
- → Schreibe im **Präteritum** (Vergangenheit).
- → Finde eine passende **Überschrift.**

1 **Auch Märchen sind Fantasiegeschichten. Verbinde die Märchen A bis D mit dem fantastischen Element, das darin vorkommt.**

A Das Märchen vom Schlaraffenland

Tier verhält sich wie ein Mensch

B Der gestiefelte Kater

Fantasiewelt wie im Traum

Tier verwandelt sich in Mensch

C Der Froschkönig

Geist mit Zauberkräften

D Aladin und die Wunderlampe

2 **Stelle dir vor, du könntest dich nach Belieben unsichtbar machen. Was könnte dann passieren? Schreibe Stichwörter zu deinen Ideen auf.**

____

____

3 **Lies den Auszug aus einer Fantasiegeschichte und finde insgesamt vier Fehler. Unterstreiche die fehlerhaften Textstellen und notiere am Rand, worin der Fehler besteht.** **Tipp:** Die Begriffe helfen dir.

Logik der Geschichte · Zeitform · Überschrift · Hauptfigur · Fantastisches

Marie und ihr Onkel Eines Tages bekam Marie ein Päckchen von ihrem Onkel, in dem eine neue Basecap lag. Sofort wollte sie sehen, ob ihr die Kappe stehen würde. Sie rennt ins Badezimmer und setzt sie vor dem Spiegel auf. Doch was war das? In dem Moment, in dem die Kappe auf meinem Kopf war, verschwand mein Spiegelbild. Ich wurde unsichtbar! Sobald sie die Kappe abnahm, kehrte ihr Spiegelbild zurück. Plötzlich hörte sie ein seltsames Hüsteln hinter sich. Vorsichtig drehte sie sich um – und da stand ein winziges Männchen. „Ein Zauberwesen", dachte Marie und fragte gleich: „Kannst du mir drei Wünsche erfüllen?" […]	Überschrift weckt keine Neugier.

So liefen die Übungen:

⏰ ______________ ☺ 😐 ☹

2 Beschreiben

Gegenstand beschreiben

Wenn du zum Beispiel einen verlorenen Gegenstand wiederbekommen möchtest, solltest du ihn so gut wie möglich beschreiben, damit ein anderer ihn wiedererkennt. Beachte dabei folgende Tipps:

- Beschreibe von außen nach innen: von den **auffälligsten Merkmalen** bis zum **Detail.**
- Verwende genaue Angaben für die **Bezeichnung,** die **Größe**, die **Farbe** und andere Merkmale. Wenn möglich, nutze **Fachbegriffe.**
- Schreibe im **Präsens** (Gegenwart).
- Beschreibe den Gegenstand in **sachlicher** Sprache und vermeide Bewertungen oder Umgangssprache.

1 **Lies die Beschreibungen und male das Bild passend an.**

Ich beschreibe meine wasserfesten Gummistiefel in Größe 35. Sie bestehen nicht aus Gummi, sondern aus einem glänzenden Kunststoff. Sie gehen mir bis kurz unter die Knie. Die Laufsohle mit dem kleinen Absatz ist dunkel. Sonst sind die Stiefel ringsum gestreift. Es sind etwa fünf Zentimeter hohe waagerechte schwarze und weiße Streifen. Hinten am Rand des Schafts ist eine ungefähr zwei Zentimeter breite kleine Schlaufe befestigt. Ein einmaliges Merkmal hat der rechte Stiefel: Ungefähr auf Höhe des Fußknöchels ist ein kleines Loch, etwa so groß wie ein Eincentstück.

2 **Ergänze den Lückentext, in dem ein Fahrrad beschrieben wird, mit den passenden Angaben.**

tiefen Einstieg – blauer Schrift – Reflektoren – dunkelroten –
24 Zoll – breiter – 6 Gängen – Aluminium

Das Fahrrad hat einen ____________________ Rahmen mit einem ____________________ und Räder in der Größe ______________. Sattel und Reifen sind schwarz; die Reifen haben silberne ____________________felgen. Hinten ist ein ____________________ Gepäckträger. Auf dem Rahmen steht in ____________________ der Markenname: Radfix. Das Fahrrad hat eine Kettenschaltung mit ____________________. Es ist mit Klingel, Beleuchtung und ____________________ ausgestattet.

3 **Warum gehören die folgenden Sätze nicht in die Gegenstandsbeschreibung des Fahrrads? Schreibe eine kurze Begründung auf.**
Tipp: Lies im Erklärtext nach.

Zum Geburtstag bekam ich von meiner Familie ein ganz tolles Fahrrad, das ich mir schon lange gewünscht hatte. Leider ist es mir gestohlen worden, was mich sehr traurig macht.

____

____

____

So liefen die Übungen:

______________ ☺ 😐 ☹

Tiersteckbrief

In einem Tiersteckbrief werden **sachliche Informationen** zu wichtigen Stichwörtern übersichtlich angeordnet, sodass sich die Leser das beschriebene Tier gut vorstellen können.

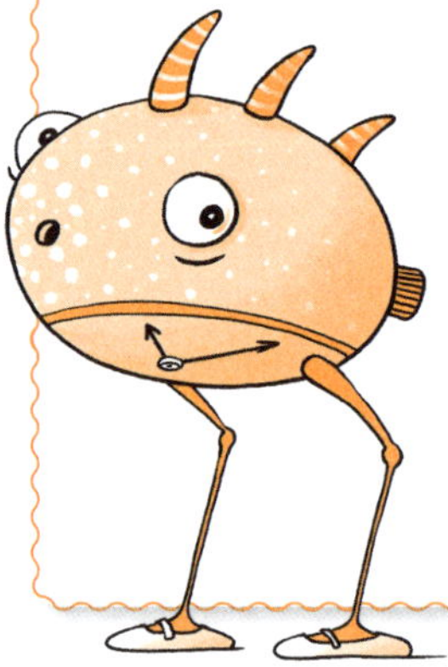

- Zu den Stichwörtern gehören z. B. **Name, Größe, Aussehen, Lebensraum, Vorkommen** und **Nahrung.** Auch **Besonderheiten,** z. B. das Verhalten bei der Aufzucht der Jungen oder beim Beutefang, kannst du beschreiben.
- Die Informationen findest du in Büchern oder du recherchierst im Internet.
- Zuerst werden die Informationen gesammelt und dann nach den Stichwörtern geordnet.
- Verwende die Zeitform **Präsens** (Gegenwart).

1 **Ergänze in diesem Steckbrief zuerst die fehlenden Stichwörter auf der linken Seite. Trage dann die Angaben richtig zugeordnet in die rechten Felder ein.**

Kleintiere wie Mäuse, Frösche, Eidechsen – Giftschlange – steht unter Naturschutz – Zickzackmuster auf dem Rücken – senkrecht stehende Pupillen – dreieckig geformter Kopf – ist vor allem an warmen Tagen aktiv

Tiersteckbrief: Die Kreuzotter

Stichwort	Beschreibung
______:	50 bis 80 cm lang
Aussehen:	
______:	in Mooren, lichten Wäldern, auf feuchten Wiesen, in der Heide
Vorkommen:	in ganz Europa
Nahrung:	
Besonderheiten:	

2 **Mit dem folgenden Text wird nach einer vermissten Katze gesucht. Lies die Beschreibung und erstelle dazu den Tiersteckbrief.**

Wer hat Molli gesehen? Meine Hauskatze ist seit dem 4. 3. verschwunden. Sie ist scheu und meidet den Kontakt zu Menschen, die sie nicht kennt. Ihr Fell ist gleichzeitig braun, schwarz und weiß, was selten vorkommt. Meine Katze ist eher klein, etwa 40 cm lang, sie hat dunkle Pfoten und einen weißen Streifen auf dem Nasenrücken. Zuletzt habe ich sie in unserem Garten im Baumweg 28 gesehen. Sie frisst Katzenfutter aus der Dose, fängt aber auch mal eine Maus, wenn sie im Garten umherstreift. Leberwurst ist für sie ein besonderer Leckerbissen, mit dem man sie anlocken kann.

Tiersteckbrief:

Stichwort	Beschreibung
Größe:	
Aussehen:	
Nahrung:	
Wo verloren?	
Seit wann verloren?	
Besonderheiten:	

So liefen die Übungen:

2

Person beschreiben

In einer Personenbeschreibung gibst du in sachlicher Sprache die **äußerlich sichtbaren Merkmale** einer Person wieder. Wichtig ist alles, was **charakteristisch** ist.

Beispiel: Eine Nase hat jeder Mensch, aber nur wenn sie z. B. besonders zierlich oder breit ist, wird sie in der Beschreibung erwähnt.

Gehe wie folgt vor:

- Beginne mit **Geschlecht, Alter** und **Größe.**
- Beschreibe dann **Körperbau, Gesicht** und **Haare.** Auch die Haltung, das Verhalten oder die Bewegungsart können wichtig sein.
- Welche **Kleidung** trägt die Person? Was fällt sonst noch auf?
- Zum Schluss gibst du einen **Gesamteindruck** wieder.
- Verwende die Zeitform **Präsens** (Gegenwart).

1 **Bekannte Person gesucht! Lies die Beschreibung und überlege, wer gemeint sein könnte. Tipp:** Sie stammt aus einem schwedischen Kinderbuch.

Das Mädchen ist etwa neun Jahre alt. Sie ist mittelgroß und dünn. Ihre roten Haare hat sie zu zwei Zöpfen geflochten, die links und rechts vom Kopf abstehen. In ihrem runden Gesicht gibt es viele Sommersprossen. Ihre Augen sind blau. Der breite Mund scheint fast immer zu lächeln. Auffällig ist ihre ungewöhnliche Kleidung. Sie trägt zwei unterschiedliche, lange Strümpfe. Einer ist gelb geringelt. Die Strümpfe werden mit Strumpfhaltern befestigt, die unter ihrem Kittel hervorschauen. Ihre dunklen Schuhe sind viel zu groß, aber sie kann gut damit laufen. Häufig hopst und tanzt sie auch. Insgesamt wirkt sie sehr fröhlich und unternehmungslustig.

Das Mädchen ist ______________________________ .

2 **Für eine genaue Beschreibung braucht man möglichst treffende Ausdrücke. Finde für jede Rubrik zwei weitere Beispiele und schreibe sie auf.**

Körperbau:	untersetzt, gebeugt
Kopf/Gesicht:	rund, hohe Stirn
Haare:	Glatze, wellig
Augen/Blick:	Augen eng beieinander, stechender Blick
Mund und Zähne:	klein, schmale Lippen
Bewegung/Gang:	langsam, geschmeidig
Besondere Kennzeichen:	Narbe, Tattoo

3 **Beschreibe dich selbst in drei Sätzen.** **Tipp:** Betrachte dich vorher im Spiegel.

So liefen die Übungen:

2

Vorgang beschreiben

In einer **Vorgangsbeschreibung** gibst du die einzelnen **Arbeitsschritte** so wieder, dass ein anderer Mensch den Vorgang nachmachen kann.
Beispiele: ein Rezept, eine Bastelanleitung, eine Aufbauanleitung.
Gehe folgendermaßen vor:

- Beschreibe die einzelnen Arbeitsschritte möglichst **genau** und in der richtigen **Reihenfolge.**
- Gib an, welche **Materialien** oder **Werkzeuge** man für den Vorgang braucht.
- Schreibe **sachlich** und verständlich; verwende **Fachbegriffe.**
- Verwende abwechslungsreiche **Satzanfänge.**
- Entscheide dich für eine der folgenden Formen und behalte sie für den gesamten Text bei: **Ich-Form** (Du beschreibst, wie du selbst etwas tust), **Du-Form** (Du erklärst einer anderen Person, was sie tun soll), **Man-Form** (Du erklärst allgemein, wie man es tun kann).
- Verwende die Zeitform **Präsens** (Gegenwart).

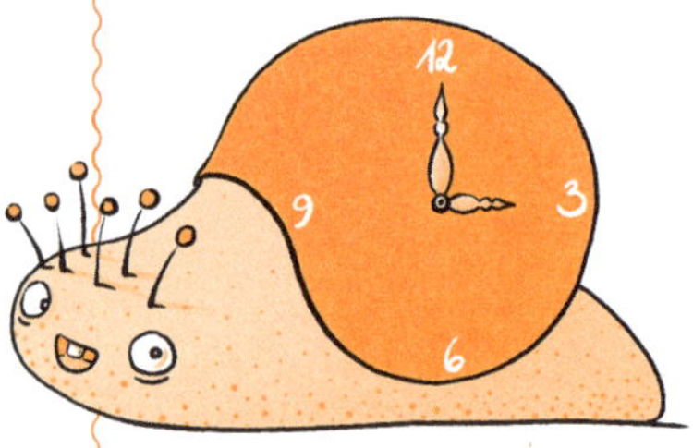

1 **Die Arbeitsschritte sind hier durcheinandergeraten. Trage die Ziffern von 1 bis 8 in der richtigen Reihenfolge ein.** **Tipp:** Es werden leckere Haferflockenplätzchen gebacken.

2 **Unterstreiche in der Vorgangsbeschreibung alle Zutaten für das Rezept. Kreise alle Küchengeräte ein, die man für dieses Rezept braucht.**

Ich lasse 125 g Butter in einem kleinen Topf schmelzen. Anschließend gieße ich sie in eine Schüssel und gebe 250 g kernige Haferflocken dazu. Mit einem Holzlöffel verrühre ich alles.

Dann hebe ich nach und nach die weiteren Zutaten unter die Mischung: 60 g Zucker, 1 Päckchen Vanillezucker, 1 Ei, 60 g gehackte Nüsse und eine Prise Zimt. Ich heize den Backofen 10 Minuten lang vor. Inzwischen steche ich mit einem Esslöffel kleine Teigportionen ab und lege sie auf ein mit Backpapier belegtes Backblech. Mit dem Löffel drücke ich den Teighaufen etwas flach. Ich backe die Haferflockenplätzchen im Backofen, bis sie goldbraun geworden sind. Bevor ich sie auf einen Teller lege, lasse ich sie vollständig abkühlen.

3 **Um das Rezept nachbacken zu können, fehlt an einer Stelle im Text eine genaue Angabe. Welche?** **Tipp:** Vergleiche den Text aus Aufgabe 2 mit den Bildern.

Es fehlt ______________________________

So liefen die Übungen:

______________ ☺ 😐 ☹

2

Spielanleitung

In einer schriftlichen **Spielanleitung** erklärst du ein Spiel so, dass jeder es spielen kann. Verwende die Zeitform **Präsens** (Gegenwart). Schreibe **sachlich** und lasse alle überflüssigen Dinge weg.

Beschreibe genau,

→ welche **Vorbereitung** nötig ist,
→ was man für das Spiel **braucht,**
→ wie viele **Spieler** mitspielen können,
→ welches **Ziel** das Spiel hat,
→ womit das Spiel **beginnt,**
→ welche **Regeln** für das Spiel gelten,
→ wann das Spiel **beendet** ist.

1 **Du kennst vermutlich das Brettspiel „Mensch ärgere dich nicht". Beantworte die folgenden Fragen zu diesem Spiel in vollständigen Sätzen.**
Tipp: Stelle dir vor, dass du einem Freund das Spiel erklärst.

Welche Vorbereitung ist nötig?

Zuerst wählt jeder Mitspieler eine Farbe für seine Spielfiguren. Das Spielbrett wird aufgebaut und jeder stellt seine Figuren auf sein Startfeld.

Wie viele Spieler können mitspielen?

___

Welche Regeln gelten für das Spiel? Schreibe zwei auf.

___

___

___

Wann ist das Spiel beendet?

___

2 **Lies die folgende Spielanleitung für das Spiel „Rechts oder links“ und ergänze den Lückentext mit passenden Wörtern und Wortgruppen.**

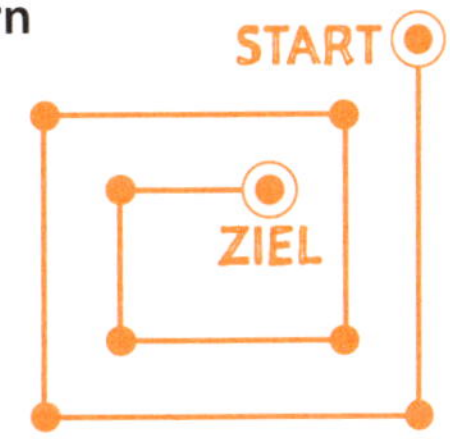

versteckt – das Spielfeld – umdrehen – linken – raten – weiterziehen – an der Reihe – Erster – Startpunkt – erreichen – nicht beobachten – liegen

Dieses Partnerspiel spielt man zu zweit. Zuerst zeichnet man _______________ auf ein Blatt Papier. Jeder Spieler bekommt zwei Steine, Knöpfe oder sonstige Spielfiguren. Eine Figur behält er in seiner Hand, die andere legt er auf den _______________ . Ziel des Spiels ist es, als _______________ den Zielpunkt zu _______________ . Der jüngere Spieler beginnt: Er _______________ seine Handfigur in der rechten oder in der linken Hand. Das soll möglichst so geschehen, dass der Mitspieler es _______________ _______________ kann. Er kann sich zum Beispiel dazu _______________ . Dann muss der Mitspieler _______________ , ob sich die Spielfigur in der rechten oder _______________ Hand befindet. Hat er richtig geraten, darf er mit seinem Stein auf den nächsten Punkt auf dem Spielfeld _______________ . Hat er falsch geraten, bleibt sein Stein _______________ und der erste Spieler darf vorrücken. Danach ist der zweite Spieler _______________ . Der erste im Ziel gewinnt.

So liefen die Übungen:

____

3 Sachlich berichten

W-Fragen beantworten

In einem Bericht schreibst du über ein **Ereignis** oder einen **Sachverhalt.** Dein Bericht soll nicht spannend sein, sondern andere genau **informieren.** Gedanken und Gefühle werden nicht wiedergegeben.
Achte dabei auf folgende Punkte:

- Berichte in **sachlicher Sprache** ohne Ausschmückungen.
- Gib alle wichtigen **Einzelheiten** wieder.
- Schreibe in der Zeitform **Präteritum** (Vergangenheit).

In einem Bericht sollen diese **W-Fragen** beantwortet werden:

- **Wer** war an dem Geschehen beteiligt?
- **Wo** hat das Ereignis stattgefunden?
- **Wann** ist es passiert?
- **Was** genau ist geschehen?
- **Wie oder warum** ist es geschehen?
- **Welche** Folgen hatte das Ereignis?

1 **Mischa hat an dem Vorbereitungstreffen für den geplanten Klimatag an seiner Schule teilgenommen. Er informiert seine Klasse mit einem Bericht, den er an das Schwarze Brett hängt. Lies den Auszug aus seinem Bericht und beantworte in Stichworten die W-Fragen.**

Am 5.6. trafen sich Vertreter der Klassen 5 bis 10 in der Pausenhalle, um den Klimatag an unserer Schule vorzubereiten. Das Treffen dauerte von 13 bis 15 Uhr. Nach längeren Diskussionen über die ausgewählten Themen wurden drei Arbeitsgruppen gebildet. Sie sollen sich mit den Themen Verkehr, Müllvermeidung und Ernährung befassen und beim nächsten Treffen am 22.6. Vorschläge für Aktionen am Klimatag vorstellen. […]

Wer? ______________________________

Wo? ______________________________

Wann? ______________________________

Was? ______________________________

1 Erzählen

Seite 4–5

1 mit der Klasse letzten Montag auf einem Waldlehrpfad (E) – vorm Einschlafen lesen im Bett (F) – es klopfte am Fenster (F) – an einer Infotafel über Waldtiere (E) – die anderen liefen voraus (E) – meine Freundin und ich füllten noch Arbeitsblatt aus (E) – das Klopfen wurde lauter (F) – die Stimmen der anderen entfernten sich (E) – plötzlich nur Waldgeräusche (E) – ich schloss die Vorhänge (F) – Nebel wehte in mein Zimmer (F) – welcher Weg war der richtige? (E) – kein Handyempfang (E) – eine fast durchsichtige Gestalt kam auf mich zu (F) – Geist bat schüchtern um Hilfe (F)

3 Beispiellösung:
Erlebniserzählung „Im Wald verirrt"
Was ist das Besondere?
Man fragt sich gespannt, ob und wie die erzählende Person und ihre Freundin aus dem Wald herausfinden.
Welche Personen kommen vor?
Erzähler/-in, Freundin, Mitschüler/-innen
Wo und wann spielt die Geschichte?
wo: auf einem Waldlehrpfad im Wald
wann: letzten Montag
Was passiert?
Zwei Schüler/-innen verpassen auf einem Waldlehrpfad den Anschluss an ihre Klasse und kennen den Weg aus dem Wald nicht.
Wie könnte die Geschichte ausgehen?
Ein Suchtrupp findet die Mädchen, weil sie in der Nähe der Stelle blieben, wo sie die anderen verloren haben.

Fantasiegeschichte „Mein Abenteuer mit dem Geist"
Was ist das Besondere?
Ein Geist ist etwas Unheimliches, aber dieser hier bittet um Hilfe.
Welche Personen kommen vor?
Erzähler/-in, Geist
Wo und wann spielt die Geschichte?
wo: im Kinderzimmer
wann: im Herbst am Abend
Was passiert?
Ein Mädchen oder Junge liegt abends im Bett, als plötzlich ein Geist im Kinderzimmer auftaucht und um Hilfe bittet.
Wie könnte die Geschichte ausgehen?
Das Mädchen / der Junge überwindet seine Angst und kann dem Geist helfen.

Seite 6–7

1 Waldweg: holprig, matschig, bewachsen, steinig, kurvig
gehen: schlendern, hasten, humpeln, spazieren, rennen

2 Beispiellösung:
Mädchen: Ich könnte mich darüber schwarzärgern, dass ich nicht eher losgegangen bin!
Junge: Unglaublich, so ein Glück, ich habe tatsächlich gewonnen!

3 Beispiellösung:
Unsere Lehrerin war sehr besorgt und hatte sich mit zwei Helfern auf die Suche nach uns gemacht. „Am besten fangen wir da an, wo wir die beiden verloren haben", hatte sie vorgeschlagen. Wie gut, dass wir uns nicht weit von dieser Stelle entfernt hatten! Sie waren es auch, von denen das seltsame Geräusch kam. Zum Glück riefen sie laut nach uns. Wir waren so erleichtert, als wir ihre Stimmen erkannten und wussten: Wir waren gerettet!

Seite 8–9

1 Es ist schon mehr als hundert Jahre her. Da kam Nasreddin Hodscha während einer Reise durch ein türkisches Dorf. Aus dem offenen Fenster eines Wirtshauses wehte so ein wunderbarer Duft nach köstlichen Speisen, dass Nasreddin das Wasser im Mund zusammenlief.
Seine letzte Mahlzeit lag schon länger zurück. Da er aber kaum noch Geld hatte, konnte er sich eine Einkehr nicht leisten.
„Wenigstens will ich den Duft genießen", dachte er, lehnte sich mit geschlossenen Augen an die Wand unterhalb des Fensters und atmete tief ein. Dabei stellte er sich den Geschmack jeder einzelnen Speise vor.
Auf einmal schaute der Wirt aus dem Fenster und entdeckte ihn. „He, was tust du da?", rief er. „Ich nehme eine Nase voll von dem Duft deines

L

wunderbaren Essens!", antwortete Nasreddin. „So, so, aber dann musst du auch bezahlen!", verlangte der Wirt. Nasreddin zog seine letzten Münzen aus der Tasche und klimperte mit ihnen herum, gab sie aber nicht her.
„Was soll das? Wieso bezahlst du nicht?", empörte sich der Wirt. „Wer den Duft seiner Speisen verkaufen will, bekommt das Klimpern der Münzen als Bezahlung", antwortete Nasreddin und zog – immer noch hungrig – davon.

2 Es kommen vor: Nasreddin Hodscha und der Wirt.
Die Geschichte spielt in einem türkischen Dorf. Sie fand vor mehr als hundert Jahren statt.

3 Beispiellösung:
Auf einmal bemerkte der Wirt, dass Nasreddin draußen stand und den Duft seiner Speisen einatmete. Er verlangte Geld dafür. Nasreddin klimperte daraufhin mit ein paar Münzen herum, ohne sie dem Wirt zu geben. Als der protestierte, sagte Nasreddin, dass es für den Duft von Speisen auch nur den Klang von Geld geben kann. Dann wanderte Nasreddin hungrig weiter.

Seite 10–11

1 A: Rettung aus großer Not
B: Mutig mit Bauchklatscher
C: Der Verrat der Freundin

3 Einleitung bis „… und wollte weitergehen."
Hauptteil bis „Er hatte meine Lüge durchschaut."

Seite 12–13

1 Beispiellösung:
Überschrift: Über der Stadt schweben
Schluss: Jara hatte keine Angst. Irgendwann würde der Wind nachlassen und sie wieder auf dem Boden absetzen.

2
1 Zeltaufbau im Garten, Übernachten draußen, Junge und Mädchen haben gute Laune
2 es wird dunkel, Kinder machen es sich in Schlafsäcken gemütlich mit Keksen und Getränken, erzählen sich was
3 draußen ist es finster, Kinder schlafen noch nicht, Angst, Schatten auf der Zeltwand
4 von draußen macht ein Erwachsener das Zelt auf, bringt Taschenlampen, sie sind erleichtert

Seite 14–15

1
1 Abendspaziergang mit dem Hund
8 Hund bekommt vom Ladenbesitzer Wurst als Belohnung
6 Ladenbesitzer ruft die Polizei
2 Stöckchen werfen auf dem Stadtwall
5 Lautes Bellen des Hundes alarmiert Ladenbesitzer
3 Rückweg durch die menschenleere Fußgängerzone
4 Mann versucht Ladentür aufzubrechen
7 Einbrecher flieht, wird aber von der Polizei gefangen

2 Von unten links bis unten rechts werden die Zahlen in der Reihenfolge 1 bis 8 eingetragen.

3 „Eine Wurst als Belohnung" weckt das meiste Interesse.

4 Beispiellösung:
… Wir spielten Stöckchenwerfen auf dem Stadtwall, bis ich keine Lust mehr hatte. Anschließend machten wir uns auf den Heimweg und gingen durch die menschenleere Fußgängerzone. Auf einmal sah ich, dass sich ein dunkel gekleideter Mann mit einigem Werkzeug an einer Ladentür zu schaffen machte. Inzwischen hatte auch mein Hund Lupo den Mann bemerkt und er begann, laut zu bellen. Daraufhin öffnete sich ein Fenster im ersten Stock …

Seite 16–17

1 Der gestiefelte Kater: Tier verhält sich wie ein Mensch
Aladin und die Wunderlampe: Geist mit Zauberkräften
Der Froschkönig: Tier verwandelt sich in Mensch
Das Märchen vom Schlaraffenland: Fantasiewelt wie im Traum

3

Marie und ihr Onkel	Überschrift weckt keine Neugier.
Eines Tages bekam Marie ein Päckchen von ihrem Onkel, in dem eine neue Basecap lag. Sofort wollte sie sehen, ob ihr die Kappe stehen würde. Sie rennt ins Badezimmer und setzt sie vor dem Spiegel auf.	Wechsel der Zeitform
Doch was war das? In dem Moment, in dem die Kappe auf meinem Kopf war, verschwand mein Spiegelbild. Ich wurde unsichtbar! Sobald sie die Kappe abnahm, kehrte ihr Spiegelbild zurück.	Wechsel zur Ich-Form bei Hauptfigur
Erstaunt betrachtete sie das Geschenk von allen Seiten. Plötzlich hörte sie ein seltsames Hüsteln hinter sich. Vorsichtig drehte sie sich um – und da stand ein winziges Männchen.	zu viele Fantasie-Elemente
„Ein Zauberwesen", dachte Marie und fragte gleich: „Kannst du mir drei Wünsche erfüllen?" […]	entwickelt sich nicht logisch aus der Geschichte

2 Beschreiben

Seite 18–19

1

2 Das Fahrrad hat einen **dunkelroten** Rahmen mit einem **tiefen Einstieg** und Räder in der Größe **24 Zoll.** Sattel und Reifen sind schwarz; die Reifen haben silberne **Aluminium**felgen. Hinten ist ein **breiter** Gepäckträger. Auf dem Rahmen steht in **blauer Schrift** der Markenname: Radfix. Das Fahrrad hat eine Kettenschaltung mit **6 Gängen.** Es ist mit Klingel, Beleuchtung und **Reflektoren** ausgestattet.

3 Die Sätze sind nicht in sachlicher Sprache geschrieben und enthalten Bewertungen und Gefühlsbeschreibungen.

Seite 20–21

1

Tiersteckbrief: Die Kreuzotter

Stichwort	Beschreibung
Größe:	50 bis 80 cm lang
Aussehen:	Zickzackmuster auf dem Rücken, senkrecht stehende Pupillen, dreieckig geformter Kopf
Lebensraum:	in Mooren, lichten Wäldern, auf feuchten Wiesen, in der Heide
Vorkommen:	in ganz Europa
Nahrung:	Kleintiere wie Mäuse, Frösche, Eidechsen
Besonderheiten:	Giftschlange, ist vor allem an warmen Tagen aktiv, steht unter Naturschutz

2

Tiersteckbrief: Hauskatze „Molli"

Stichwort	Beschreibung
Größe:	etwa 40 cm lang
Aussehen:	Seltene Fellfärbung: gleichzeitig braun, schwarz und weiß, dunkle Pfoten und ein weißer Streifen auf dem Nasenrücken
Nahrung:	Dosenfutter, fängt auch Mäuse
Wo verloren?	im Garten Baumweg 28
Seit wann verloren?	seit dem 4.3.
Besonderheiten:	scheu, meidet Menschen, die sie nicht kennt, kann mit Leberwurst angelockt werden

Seite 22–23

1 Das Mädchen ist Pippi Langstrumpf.

2 Beispiellösung:
Körperbau: zart, feingliedrig, grob, muskulös …
Kopf/Gesicht: breit, hohle Wangen, längliche Kopfform …
Haare: Locken, blond, schwarz, grau, Pagenschnitt, Seitenscheitel …
Augen/Blick: tiefliegend, blau, mandelförmig, trauriger Blick …
Mund und Zähne: breiter Mund, dicke Lippen, Zahnlücke, unregelmäßige Zähne …
Bewegung/Gang: ruckartig, hölzern, verkrampft, locker, tänzelnd …
Besondere Kennzeichen: Piercing, Muttermal, Hinken …

Seite 24–25

1

4	2	3	1
8	6	7	5

2 Ich lasse 125 g Butter in einem kleinen Topf schmelzen. Anschließend gieße ich sie in eine Schüssel und gebe 250 g kernige Haferflocken dazu. Mit einem Holzlöffel verrühre ich alles. Dann hebe ich nach und nach die weiteren Zutaten unter die Mischung: 60 g Zucker, 1 Päckchen Vanillezucker, 1 Ei, 60 g gehackte Nüsse und eine Prise Zimt. Ich heize den Backofen 10 Minuten lang vor.
Inzwischen steche ich mit einem Esslöffel kleine Teigportionen ab und lege sie auf ein mit Backpapier belegtes Backblech. Mit dem Löffel drücke ich den Teighaufen etwas flach. Ich backe die Haferflockenplätzchen im Backofen, bis sie goldbraun geworden sind. Bevor ich sie auf einen Teller lege, lasse ich sie vollständig abkühlen.

3 Es fehlt die Temperaturangabe für den Backofen (im Bild 200 °C).

Seite 26–27

1 Es können zwei bis vier Spieler mitspielen.
Regeln: Wer eine Sechs würfelt, darf noch einmal würfeln.
Wer mit seinem Zug auf ein Feld kommt, auf dem eine andere Spielfigur steht, darf diese rauswerfen.
Das Spiel ist zu Ende, wenn ein Spieler alle seine Figuren hintereinander im Zielfeld hat.

2 Dieses Partnerspiel spielt man zu zweit. Zuerst zeichnet man **das Spielfeld** auf ein Blatt Papier. Jeder Spieler bekommt zwei Steine, Knöpfe oder sonstige Spielfiguren. Eine Figur behält er in seiner Hand, die andere legt er auf den **Startpunkt.** Ziel des Spiels ist es, als **Erster** den Zielpunkt zu **erreichen.** Der jüngere Spieler beginnt: Er **versteckt** seine Handfigur in der rechten oder in der linken Hand. Das soll möglichst so geschehen, dass der Mitspieler es **nicht beobachten** kann. Er kann sich zum Beispiel dazu **umdrehen.** Dann muss der Mitspieler raten, ob sich die Spielfigur in der rechten oder **linken** Hand befindet. Hat er richtig geraten, darf er mit seinem Stein auf den nächsten Punkt auf dem Spielfeld **weiterziehen.** Hat er falsch geraten, bleibt sein Stein **liegen** und der erste Spieler darf vorrücken. Danach ist der zweite Spieler **an der Reihe.**

3 Sachlich berichten

Seite 28 und 37

1 Wer? Vertreter der Klassen 5 bis 10
Wo? In der Pausenhalle
Wann? Am 5.6. von 13 bis 15 Uhr
Was? Vorbereitungstreffen für den geplanten Klimatag an der Schule
Wie? Warum? Die Themen wurden diskutiert und festgelegt, drei Arbeitsgruppen wurden gebildet zu Verkehr, Müllvermeidung und Ernährung
Welche Folgen? Nächstes Treffen am 22.6.; dann werden die Arbeitsgruppen Vorschläge für Aktionen vorstellen

2 Wo? Am Eingang zum Schulgebäude
Warum? Bewusstsein wecken für die Reduzierung von Plastikmüll
Wann? Am 1. September am Klimatag
Was? Aufstellen einer Sammelbox für Plastikverpackungen …
Wer? Die sechsköpfige Arbeitsgruppe „Müllvermeidung“
Wie? Als Sammelbox eine alte Mülltonne, Schilder mit Abbildungen …

3 Beispiellösung:
Was soll der Sketch zeigen?

Wer spielt mit?
Wo wird der Sketch gespielt?

Seite 38–39

1 Einleitung: 3, 7, 8, 9
Hauptteil: 6, 1, 4
Schluss: 5, 2

2 Ein Angler meldete Ende August 2020, ein Krokodil in dem Fluss Unstrut nahe der Stadt Laucha gesehen zu haben.
Er informierte die Polizei, die daraufhin die Umgebung intensiv absuchte.
Trotz Einsatz von Drohnen, Hubschrauber und Booten blieb die Suche erfolglos. Die zuständige Behörde sprach ein Badeverbot für den Fluss aus.
Dann meldete sich eine Frau, die das Krokodil ebenfalls gesehen haben will. Wieder rückte die Polizei mit Suchmannschaften aus, fand aber nichts.
Fast einen Monat nach der ersten Meldung machte ein Spaziergänger einen Fund: Etwa dreißig Kilometer von der ersten Stelle entfernt entdeckte er ein totes Krokodil. Bei genauer Betrachtung wurde bald klar, dass es sich hierbei um ein Plüschtier handelte. Es sah täuschend echt aus und hatte auch die passende Größe.
Inzwischen stellten die Behörden die Suche ein, weil sich keine überzeugenden Indizien für das Vorhandensein eines Krokodils finden ließen. Die Suche fand damit ein Ende, obwohl ein Teil der Bevölkerung noch immer beunruhigt war.
(Hauptteil ist markiert)

Seite 40–41

1

Aus einem Bericht?	Ja	Nein
Die Sportanlage wurde wegen der Unfallgefahr vorübergehend geschlossen.	×	
Ich fühlte mich sowieso nicht so wohl an diesem Morgen.		×
Im Mai lag die Menge der Niederschläge im Durchschnitt der vergangenen Jahre.	×	
Das echt coole Kostüm der Hauptfigur hätte ich auch gern gehabt.		×
Der Applaus war gigantisch, so was hatte ich noch nicht erlebt.		×
Für den erkrankten Hauptdarsteller konnte kurzfristig ein ebenbürtiger Ersatz gefunden werden.	×	
Nach dem Anpfiff griffen beide Mannschaften sofort an.	×	
Den Vorschlag konnten wir gleich vergessen, das machte die Schulleitung nicht mit.		×
Der Fahrer brachte den Lkw noch vor der Unfallstelle zum Stehen.	×	

2 **Applaus für das Musical „Peter Pan"**
Am 9. 12. um 18 Uhr fand an unserer Schule die erste Aufführung der Musical-AG statt. Insgesamt waren **fünfzig** Schülerinnen und Schüler aus den Klassen **5 bis 10** beteiligt. Für jede und jeden gab es entsprechend der Interessen und Talente eine passende Aufgabe in den Bereichen **Gesang, Tanz, Orchester, Bühnenbild, Kostüme, Technik und Organisation.**
Die Leitung der Musical-AG lag bei **David Agarwal,** dem Klassenlehrer der Klasse **6a.**
Seit Schuljahresbeginn fanden die Proben jeden **Mittwoch** um **15 Uhr** in der Sporthalle statt. In der Endphase wurde auch **an den Wochenenden** geprobt. Es hat sich gelohnt: Das Publikum spendete begeisterten Applaus.

4 Stellung nehmen und argumentieren

Seite 42–43

2 C Linus hat andere aus der Klasse interviewt; die wenigsten Befürworter hatte Konstantin.
A Auf der Schulhomepage las Linus eine Auflistung aller Rechte und Pflichten zum Amt der Klassensprecher.
D Der Klassenlehrer hat erzählt, dass Adriana auf ihrer vorigen Schule bereits einmal Klassensprecherin war.
B Linus hat auf einer Klassenfahrt erlebt, wie Adriana erfolgreich einen Konflikt geschlichtet hat.
E Linus mag Yüksel, weil sie immer so lustig ist.

3 Adriana ist besonders geeignet für das Amt der Klassensprecherin.

L

Seite 44–45

1 2 Wenn ich den Hund ausführe, komme ich regelmäßig an die frische Luft.
1 Ich bin jetzt alt genug, um Verantwortung für ein Lebewesen zu übernehmen.
3 Ich kann dann Sebastian und seinen Hund auf der Hundewiese treffen.

2 Beispiellösung:
Der Hund muss vor der Schule ausgeführt werden, dann musst du immer sehr früh aufstehen.

3

Meinung (A)	Argument (D)	Beispiel (F)
Meinung (B)	Argument (C)	Beispiel (E)

4 Beispiellösung:
Gegenargument zu D: Bei dem großen Angebot fällt es viel schwerer, sich gemeinsam auf etwas zu einigen.
Gegenargument zu C: Viele Kinder und Jugendliche werden sich im Benimmkurs über die Regeln lustig machen oder sie peinlich finden.

Seite 46–47

1 P Eine Doppelstunde Schwimmen ist zu kurz, um jedes Kind zu fördern.
P Das Schwimmbad hat bauliche Mängel und muss renoviert werden.
K Viele Kinder und Jugendliche könnten ertrinken, wenn sie Nichtschwimmer sind.
P Wir haben zu wenig Lehrkräfte mit der Berechtigung, Schwimmunterricht erteilen zu können.
K Schwimmen ist eine gesunde Bewegungsart und tut dem Körper bis ins hohe Alter gut.
K Wer das Schwimmen nicht im Jugendalter erlernt, lernt es später meistens nicht mehr.

2 Beispiellösung:
Außerdem verhilft Schwimmen den Schülerinnen und Schülern zu mehr Bewegung und das tut ihrem Körper gut. Wenn sie es in jungen Jahren lernen, können sie es bis ins hohe Alter ausüben.

3 Der Satz mit dem Beispiel lautet: Nach Aussage der Deutschen Lebensrettungsgesellschaft waren das im Jahr 2020 fast 380 Menschen in Deutschland.

5 Texte überarbeiten

Seite 48–49

1 alt – steinalt; dunkel – stockdunkel
weiß – schneeweiß; kalt – eiskalt

2 × **mit einem Zickzackmuster** — gemustert
rot — × **kirschrot**
faustgroß — × **etwa 15 Zentimeter lang**
Butter heiß machen — × **Butter zergehen lassen**
× **zylinderförmig** — rund
× **Zweikomponentenkleber** — Klebstoff

3 **Am letzten Freitag** brachte eine **siebzigjährige Rentnerin** auf der Kreuzung Hauptstraße/Mühlenweg in Neustadt den Verkehr **für eine Viertelstunde** zum Erliegen. Sie verfolgte ihren Hund. **Der junge Pudel** war ausgerissen und lief kreuz und quer über die Straßen. Erst als ein **sechzehnjähriger Jugendlicher** das Tier einfing und festhielt, konnte sie es wieder an die Leine nehmen. Weder der Hund noch die Frau kamen zu Schaden.

4 Beispiellösung:
Ich möchte gern mitfahren, damit ich selbstständiger werde.
Für die Teilnahme spricht auch, dass mein bester Freund mitfährt.
Ich wünsche mir die Fahrt, weil ich viel Spaß in der Gemeinschaft habe.

Seite 50–51

1 Text B ist besser gelungen.

2 Beispiellösung:
Ein Mitarbeiter der Tankstelle am Waldrand, die durchgehend geöffnet war, erzählte, dass meist am frühen Morgen eine Wildschweinrotte aus dem Wald kam. Anschließend liefen die Wildschweine in die Gärten und Grünanlagen, um mit ihren Schnauzen den Boden auf der Suche nach Nahrung zu durchwühlen. Allerdings machten sich manche Wildschweinfamilien auch schon in der Abenddämmerung auf den Weg in die Stadt.

3 Beispiellösung:
Ein Wildschwein stand neben einem Baum, um seine Zähne daran zu wetzen. **Da** kam ein Fuchs vorbei. **Nachdem** er eine Weile zuge-

schaut hatte, fragte er: „**Soweit** ich sehe, droht nirgendwo eine Gefahr. Warum wetzt du die Zähne?" Das Wildschwein antwortete: „Ich habe meine Gründe. **Denn wenn** plötzlich eine Gefahr kommt, brauche ich scharfe Zähne, damit ich mich verteidigen kann. **Dann** habe ich aber keine Zeit, mir die Zähne zu wetzen."
Die Fabel lehrt: **Sobald** die Gefahren da sind, ist es zu spät, sich vorzubereiten.

Seite 52–53

1 (von oben nach unten:)
Tipp Nr. 5
Tipp Nr. 2
Tipp Nr. 3
Tipp Nr. 4

2 (von oben nach unten werden die Signalwörter so eingesetzt:)
vorsichtig
unverhofft
wie aus heiterem Himmel

3 Beispiellösung:
Das Mädchen wohnte auf dem Bauernhof in der Nähe. Sie kannte zwei lose Latten in der Holzwand, die man zur Seite schieben konnte. Durch die kleine Öffnung konnte man herein- und hinauskriechen. Marlene war erleichtert: Das Mädchen wollte ihr helfen!

6 Kreative Texte schreiben

Seite 54–55

1

A: Ich hatte meine Freundin Ana besucht. Auf dem Heimweg riss mir jemand im Bus mein Handy aus der Hand. …	B: Marc und Tom übernachten in ihrem neuen Zelt im Garten. ... Da hören sie ein scharrendes Geräusch neben der Zeltwand …	C: Oleg gehörte zur Theatergruppe seiner Schule. … Bei der Generalprobe stürzte der Darsteller des Aladin und brach sich ein Bein …
Zeitform: Präteritum	Zeitform: Präsens	Zeitform: Präteritum
Perspektive: Ich-Perspektive	Perspektive: Er/Sie	Perspektive: Er
Hauptfiguren: Junge/Mädchen, Freundin Ana, Dieb	Hauptfiguren: Marc, Tom	Hauptfiguren: Oleg
Ort des Geschehens: Bus und Haltestelle	Ort des Geschehens: Zelt im Garten	Ort des Geschehens: Bühne/Aula in der Schule

2 Beispiellösung:
A: Die/Der Bestohlene nahm die Verfolgung des Diebs auf. Er erkannte einen Mitschüler und rief ihn. Der ließ das Handy fallen und verschwand.
B: Die Freunde trauten sich, gemeinsam nachzusehen. Ein Waschbär streifte herum. Die Freunde zogen sich wieder ins Zelt zurück und entspannten sich erst, als das Tier weglief.
C: Oleg sprang für den Hauptdarsteller ein. Trotz einiger Texthänger machte er seine Sache gut. Beim nächsten Projekt traute er sich, eine Hauptrolle zu übernehmen.

Seite 56–57

1 A: Originalmärchen ist Dornröschen. Verändert wurde, dass die 13. Fee keinen schlechten, sondern einen guten Wunsch äußert (nicht an der Spindel stechen und tot umfallen, sondern ein Fest feiern). B: Originalmärchen ist „Die Bremer Stadtmusikanten". Verändert wurde, dass die Tiere keine Stadtmusikanten werden, sondern einen Blog für Tierschutz betreiben wollen.

2 Prinz und Prinzessin wurden vertauscht: Hier ist es ein Prinz auf der Erbse. Im Gegensatz zum Originalmärchen kennt er aber den Trick, entfernt die Erbse und kann darum gut schlafen.

L

3 Beispiellösung:
Prinz und Prinzessin heiraten zwar nicht, aber gehen gemeinsam auf Weltreise und schreiben darüber ein Buch.

Seite 58–59

1 Eben geht mit einem Teller
Witwe Bolte in den Keller,
dass sie von dem Sauerkohle
eine Portion sich hole,
wofür sie besonders schwärmt,
wenn er wieder aufgewärmt.
Unterdessen auf dem Dache
ist man tätig bei der Sache.
Max hat schon mit Vorbedacht
eine Angel mitgebracht.
Schnupdiwup, da wird nach oben
schon ein Huhn heraufgehoben!
Zwar der Spitz sah es genau
und er bellt: Rawau, rawau!
Aber schon sind sie ganz munter
fort und von dem Dach herunter.
Na, das wird Spektakel geben,
denn Frau Bolte kommt soeben.
Angewurzelt stand sie da,
als sie nach der Pfanne sah.
Alle Hühner waren fort.
„Spitz!“, das war ihr erstes Wort.

2 Regen – Segen, legen, wegen, bewegen, pflegen …
Nuss – Kuss, Verdruss, Verschluss, Bus, muss …
vier – Tier, dir, wir, hier, Papier …

3 Ein kleines Steinchen rollte munter
von einem hohen Berg **herunter.**

Und als es durch den Schnee so **rollte**
ward es viel größer als es wollte.

Da sprach der Stein mit stolzer **Miene:**
„Jetzt bin ich eine Schneelawine.“

Er riss im Rollen noch ein Haus
und sieben große Bäume **raus.**

4 Der Schluss von Joachim Ringelnatz lautet:
Dann rollte er ins Meer hinein,
und dort versank der kleine Stein.

Seite 60–61

2

Anlass	Brief	E-Mail	SMS
A			×
B	×		
C		×	
D	×		

3 Beispiellösung:
Bitte schicke mir das Rezept für die leckere Zwiebelsuppe mit, die wir bei dir gegessen haben.
Vielen Dank dafür!
Herzliche Grüße
Leo

Seite 62–63

1 und 2 Beispiellösung:
Mögliche Überschrift: Umsonst verzichtet
So könnte die Geschichte weitergehen:

Seufzend wollte ich mich gerade wieder auf meinen Platz legen, da bemerkte ich plötzlich, wie es im Schornstein raschelte. Ich traute meinen Augen nicht. War das etwa eine Angel? Tatsächlich. Ich hörte undeutliches Gemurmel vom Dach, während sich ein großer Angelhaken durch den Schornstein über die Pfanne bewegte und ein gebratenes Hühnchen nach dem anderen nach oben zog. Ich habe sofort losgebellt! Als Witwe Bolte die Kellertreppe hochkam, habe ich gesehen, wie sehr sie sich schon auf Sauerkraut und Hühnchen freute. Umso entsetzter schaute sie in die leere Pfanne! Sie drehte sich um und rief mit schrecklich aufgebrachter Stimme meinen Namen. Das hätte ich mir denken können! Jetzt dachte sie, ich wäre das gewesen! Ich rannte aus dem Haus in den Garten. In sicherer Entfernung bekam ich noch mit, wie diese beiden frechen Bengel, die das ganze Dorf in Aufruhr versetzen, davonrannten. Mit den Hühnchen! Wie habe ich es bedauert, dass ich mir nicht wenigstens ein Hühnerbein aus der Pfanne genehmigt hatte.

Wie? Warum? ______________________________

Welche Folgen? ______________________________

____

2 **Eine Aktion am Klimatag war das Aufstellen einer Upcycling-Sammelbox. Lies die Stichwörter. Welche W-Frage gehört jeweils dazu? Trage ein.**

Wo?	am Eingang zum Schulgebäude
	Bewusstsein wecken für die Reduzierung von Plastikmüll
	am 1. September anlässlich des Klimatags an der Schule
	Aufstellen einer Sammelbox für Plastikverpackungen, um daraus neue Gegenstände herzustellen
	die sechsköpfige Arbeitsgruppe „Müllvermeidung"
	Als Sammelbox eine alte Mülltonne, Schilder mit Abbildungen von Verpackungsbeispielen, Beratung durch die Mitglieder der Arbeitsgruppe

3 **Auf dem Klimatag führte die Arbeitsgruppe „Ernährung" einen Sketch auf. Formuliere drei W-Fragen, die in einem Bericht über die Aufführung beantwortet werden sollten.**

____

____

____

____

____

____

So liefen die Übungen:

____

3

Einleitung – Hauptteil – Schluss

In einem Bericht musst du die Informationen **in eine sinnvolle Reihenfolge** bringen. Du gliederst den Bericht in drei Teile:

- → Die **Einleitung** soll nicht mehr als drei Sätze umfassen. Hier schreibst du kurz und knapp, worum es geht und wann und wo es geschehen ist. Auch die handelnden Hauptpersonen werden hier kurz genannt.
- → Im **Hauptteil** berichtest du, wie und warum sich das Geschehen ereignet hat. Hier sind möglichst genaue Einzelheiten gefragt, damit die Leserinnen und Leser des Berichts umfassend informiert sind.
- → Zum **Schluss** erwähnst du, welche Folgen oder Ergebnisse das Ereignis hat. Du kannst auch einen zusammenfassenden Schlusssatz schreiben.
- → Mache die drei Teile durch **Absätze** im Text deutlich.
- → Schreibe in der Zeitform **Präteritum** (Vergangenheit).

1 **Ordne die folgenden Informationen der Einleitung, dem Hauptteil und dem Schluss zu. Trage unten die passenden Ziffern ein.**

1 Berliner Empfänger hatte keine Einfuhrgenehmigung

3 Internationale Frachtstation in Speyer

2 Noch nicht entschieden, ob Strafmaßnahmen für den Berliner Empfänger

6 Päckchen war unterwegs aus USA nach Berlin

5 Maske wurde beschlagnahmt

9 Zollbeamte fanden in Päckchen Mund-Nasen-Schutzmaske aus Krokodilleder

7 routinemäßige Überprüfung der Postsendungen

4 Krokodile durch Artenschutzabkommen geschützt, Einfuhr muss genehmigt sein

8 im September 2020

Einleitung: ____________ Hauptteil: ____________ Schluss: ____________

2 **Bringe die Textteile aus dem folgenden Zeitungsbericht in die richtige Reihenfolge von 1 bis 7. Markiere die Kästchen, die zum Hauptteil gehören, mit einem Kreuz.**

☐ Ein Angler meldete Ende August 2020, ein Krokodil in dem Fluss Unstrut nahe der Stadt Laucha gesehen zu haben.

☐ Die Suche fand damit ein Ende, obwohl ein Teil der Bevölkerung noch immer beunruhigt war.

☐ Fast einen Monat nach der ersten Meldung machte ein Spaziergänger einen Fund: Etwa dreißig Kilometer von der ersten Stelle entfernt entdeckte er ein totes Krokodil. Bei genauer Betrachtung wurde bald klar, dass es sich hierbei um ein Plüschtier handelte. Es sah täuschend echt aus und hatte auch die passende Größe.

☐ Er informierte die Polizei, die daraufhin die Umgebung intensiv absuchte.

☐ Dann meldete sich eine Frau, die das Krokodil ebenfalls gesehen haben will. Wieder rückte die Polizei mit Suchmannschaften aus, fand aber nichts.

☐ Inzwischen stellten die Behörden die Suche ein, weil sich keine überzeugenden Indizien für das Vorhandensein eines Krokodils finden ließen.

☐ Trotz Einsatz von Drohnen, Hubschrauber und Booten blieb die Suche erfolglos. Die zuständige Behörde sprach ein Badeverbot für den Fluss aus.

So liefen die Übungen:

____

3

Bericht für die Schulhomepage

Berichtet wird u. a. in Zeitungen, im Fernsehen, in Internetmeldungen über wichtige Ereignisse in der Politik, im Sport und in der Kultur. Bei der Polizei und bei Versicherungen braucht man einen Unfallbericht oder einen Schadensbericht.

Für alle Berichte gilt:

- → Berichte in **sachlicher Sprache** und in der richtigen **zeitlichen Abfolge.**
- → Gib alle wichtigen **Einzelheiten** wieder.
- → Lass **persönliche Gedanken,** Gefühle oder Einschätzungen unbedingt weg. Vermeide auch wörtliche Rede.
- → Beantworte alle **W-Fragen.**

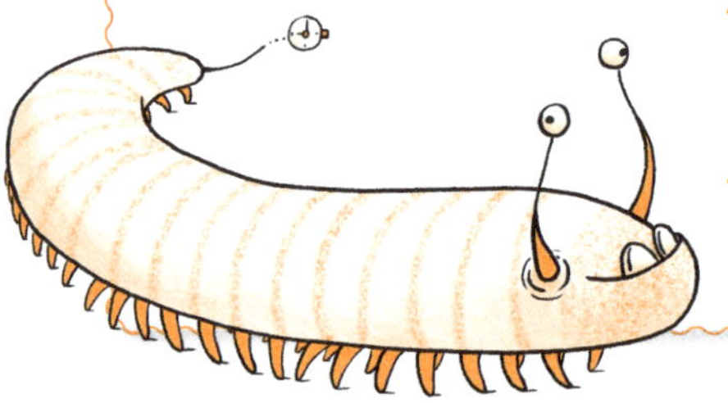

1 **Lies die folgenden Sätze und entscheide, ob sie aus einem Bericht stammen können. Kreuze an.**

Aus einem Bericht?	Ja	Nein
Die Sportanlage wurde wegen der Unfallgefahr vorübergehend geschlossen.		
Ich fühlte mich sowieso nicht so wohl an diesem Morgen.		
Im Mai lag die Menge der Niederschläge im Durchschnitt der vergangenen Jahre.		
Das echt coole Kostüm der Hauptfigur hätte ich auch gern gehabt.		
Der Applaus war gigantisch, so was hatte ich noch nicht erlebt.		
Für den erkrankten Hauptdarsteller konnte kurzfristig ein ebenbürtiger Ersatz gefunden werden.		
Nach dem Anpfiff griffen beide Mannschaften sofort an.		
Den Vorschlag konnten wir gleich vergessen, das machte die Schulleitung nicht mit.		
Der Fahrer brachte den Lkw noch vor der Unfallstelle zum Stehen.		

2 **Liam befragt für einen Bericht über die erste Musicalaufführung an seiner Schule die Mitwirkenden. Lies die Sprechblasen und vervollständige den Bericht mit den passenden Informationen.**

„Wir hatten fünfzig Mitwirkende, die sich auf die Bereiche Gesang, Tanz, Orchester, Bühnenbild, Kostüme, Technik und Organisation verteilten."

„Dass unser erstes Stück, das Musical über Peter Pan, so erfolgreich werden würde, habe ich nicht gedacht."

„Wir trafen uns mittwochs um 15 Uhr in der Sporthalle, zum Schluss auch an den Wochenenden."

„Es konnte jeder aus den Klassen 5 bis 10 an der Musical-AG teilnehmen."

„Ich heiße David Agarwal, bin Klassenlehrer der Klasse 6a und habe die Musical-AG geleitet."

„Applaus für das Musical „______________________"

Am 9. 12. um 18 Uhr fand an unserer Schule die erste Aufführung der Musical-AG statt. Insgesamt waren ______ Schülerinnen und Schüler aus den Klassen ________ beteiligt. Für jede und jeden gab es entsprechend der Interessen und Talente eine passende Aufgabe in den Bereichen

____

____.

Die Leitung der Musical-AG lag bei ______________________, dem Klassenlehrer der Klasse ______.

Seit Schuljahresbeginn fanden die Proben jeden ______________ um __________ in der Sporthalle statt. In der Endphase wurde auch an ________________________ geprobt. Es hat sich gelohnt: Das Publikum spendete begeisterten Applaus.

So liefen die Übungen:

____

4 Stellung nehmen und argumentieren

Eine Meinung formulieren

Oft musst du dich für eine von mehreren Möglichkeiten **entscheiden.**
Beispiele: Willst du Fleisch essen oder nicht?
Soll es an unserer Schule einen neuen Schulchor geben?
Wer soll Klassensprecherin oder Klassensprecher werden?

Wenn du eine **Meinung** formulierst und begründest, nennt man das **argumentieren.** Je besser du deine Meinung **begründest,** umso eher kannst du andere davon überzeugen. Du kannst deine Meinung **mündlich** oder **schriftlich** äußern. Zuerst brauchst du genügend Informationen, um dir eine Meinung bilden zu können.
Dazu kannst du:

- im Internet, in Büchern und Zeitungen recherchieren,
- andere Menschen befragen (Betroffene oder Experten),
- eigene Untersuchungen und Beobachtungen anstellen.

Auch persönliche Vorlieben und Interessen können eine Rolle spielen.

Wenn du dir eine Meinung gebildet hast, kannst du sie als **These** formulieren.
Beispiele: Es sollte insgesamt weniger Fleisch gegessen werden.
An unserer Schule fehlt eine neue Musik-AG.

1 **Welche Meinung hast du zu folgenden Fragen? Streiche das Unzutreffende durch und gib eine kurze Begründung an.**

	kurze Begründung
Ich esse Fleisch, … Ich esse kein Fleisch, …	weil ______
Ich möchte im Schulchor mitsingen, … Ich möchte nicht im Schulchor singen, …	weil ______

2 **Linus informiert sich zum Thema Klassensprecherwahl auf verschiedenen Wegen. Es bewerben sich Adriana, Konstantin und Yüksel. Ordne die Informationen zu und trage die passenden Buchstaben ein.**

A Recherchieren im Internet
B Eigene Erfahrungen
C Befragungen von Betroffenen
D Meinung von Experten
E Persönliche Vorliebe

- ☐ Linus hat andere aus der Klasse interviewt; die wenigsten Befürworter hatte Konstantin.
- ☐ Auf der Schulhomepage las Linus eine Auflistung aller Rechte und Pflichten zum Amt der Klassensprecher.
- ☐ Der Klassenlehrer hat erzählt, dass Adriana auf ihrer vorigen Schule bereits einmal Klassensprecherin war.
- ☐ Linus hat auf einer Klassenfahrt erlebt, wie Adriana erfolgreich einen Konflikt geschlichtet hat.
- ☐ Linus mag Yüksel, weil sie immer so lustig ist.

3 **Welche Meinung wird Linus zum Thema Klassensprecherwahl sehr wahrscheinlich formulieren? Kreuze an.**

- ☐ Ich schlage vor, Konstantin zum Klassensprecher zu wählen.
- ☐ Alle drei Bewerber sind gleich gut geeignet.
- ☐ Adriana ist besonders geeignet für das Amt der Klassensprecherin.

So liefen die Übungen:

____

Argumente finden und einsetzen

Von deiner Meinung kannst du andere am besten überzeugen, wenn du **starke Argumente** dafür findest. Das bedeutet, dass du **Begründungen** für deine Meinung äußerst.

- → Argumente können **sehr überzeugend** sein, z. B. wenn du anerkannte Ergebnisse von Fachleuten oder Zahlen aus einer wissenschaftlichen Studie anführst. Sie sind **weniger überzeugend,** wenn sie nur auf eigenen Beobachtungen beruhen.
- → Um ein Argument zu stützen, hilft ein **Beispiel** (Meinung → Argument → Beispiel).
- → Zu jeder Meinung gibt es **Pro- und Kontraargumente,** also welche dafür und welche dagegen.

Beispiel: *Meinung:* In der Schulmensa soll es kein Fleisch mehr geben.
Argument: Weniger Fleischverzehr trägt zum Schutz des Klimas bei.
Beispiel: In Massentierhaltung entstehen viele Treibhausgase, wie Studien von Umweltschutzorganisationen nachgewiesen haben.
Kontraargument: Dann soll nur noch Fleisch von Biohöfen für die Mensa eingekauft werden.

1 **Mika wünscht sich einen Hund. Wie stark sind seine drei Argumente? Trage die Reihenfolge von 1 (am stärksten) bis 3 (am wenigsten stark) ein.**

☐ Wenn ich den Hund ausführe, komme ich regelmäßig an die frische Luft.

☐ Ich bin jetzt alt genug, um Verantwortung für ein Lebewesen zu übernehmen.

☐ Ich kann dann Sebastian und seinen Hund auf der Hundewiese treffen.

2 **Schreibe ein Gegenargument auf, das Mikas Eltern anführen könnten.**

____

____

3 **Immer drei Sätze gehören zusammen: jeweils eine Meinung, ein Argument und ein Beispiel. Trage die Buchstaben in die Klammern ein.**

A Das Ziel der nächsten Klassenfahrt soll eine Großstadt sein.
B Ich bin dafür, dass wir in der Schule einen Benimmkurs einführen.
C Viele Jugendliche lernen sonst wichtige Regeln im Umgang miteinander nicht.
D In einer Großstadt kann man viel mehr unternehmen.
E Der Umgangston in unserer Klasse ist rauer und rücksichtsloser geworden.
F Es gibt in Berlin viele Museumsangebote zum Mitmachen für Schulklassen.

Meinung (____)	Argument (____)	Beispiel (____)
Meinung (____)	Argument (____)	Beispiel (____)

4 **Unterstreiche die zwei Argumente aus Aufgabe 3. Finde jeweils ein Gegenargument und schreibe es auf.**

Gegenargument zu Buchstabe D: ______________________________

____

Gegenargument zu Buchstabe ___ : ______________________________

____

So liefen die Übungen:

______________ ☺ 😐 ☹

4

Leserbrief oder Mail schreiben

In einem **Leserbrief** oder einer **Mail** kannst du deine Meinung äußern.

Beispiele: Du willst zu einem Beitrag in einer Zeitschrift Stellung nehmen.
Du wendest dich an Stadtverordnete aus deinem Bezirk, um für die Einrichtung einer Skaterbahn zu werben.

Je bessere **Argumente** du für deine Meinung vortragen kannst, umso eher kannst du die Adressaten **überzeugen.** Mit konkreten **Beispielen** kannst du deine Argumente unterstützen. Schreibe **sachlich** und freundlich.
Gliedere dein Schreiben so:

- In der **Einleitung** gibst du an, warum du schreibst. Außerdem fasst du zusammen, welche Meinung du vertrittst.
- Im **Hauptteil** nennst du deine Argumente und passende Beispiele.
- Zum **Schluss** kannst du eine Bitte oder Schlussfolgerung äußern.
- Beende den Brief mit einer **Grußformel** und deiner **Unterschrift.**

1 **An einer Schule wird diskutiert, ob der Schwimmunterricht auf Dauer ausfallen muss. Welche Argumente sprechen für den Unterrichtsausfall, welche dagegen? Trage die passenden Buchstaben ein (P = Pro, K = Kontra).**

___ Eine Doppelstunde Schwimmen ist zu kurz, um jedes Kind zu fördern.

___ Das Schwimmbad hat bauliche Mängel und muss renoviert werden.

___ Viele Kinder und Jugendliche könnten ertrinken, wenn sie Nichtschwimmer sind.

___ Wir haben zu wenig Lehrkräfte mit der Berechtigung, Schwimmunterricht erteilen zu können.

___ Schwimmen ist eine gesunde Bewegungsart und tut dem Körper bis ins hohe Alter gut.

___ Wer das Schwimmen nicht im Jugendalter erlernt, lernt es später meistens nicht mehr.

1
2
3
4
5
6

2 **Lies die Mail, die Gregori geschrieben hat. Ergänze in der Mitte ein Argument, das dafür spricht, den Schwimmunterricht fortzuführen.**
Tipp: Lies bei den Argumenten von Aufgabe 1 nach.

Liebe Frau Müller,
wie ich von unserem Klassenlehrer erfahren habe, soll der Schwimmunterricht an unserer Schule demnächst ausfallen. Ich bin der Meinung, dass diese Entscheidung falsch ist.
Wer nicht schwimmen kann, ist immer in Gefahr, in einem Gewässer zu ertrinken. Nach Aussage der Deutschen Lebensrettungsgesellschaft waren das im Jahr 2020 fast 380 Menschen in Deutschland. Sie könnten noch leben, wenn sie ausreichenden Schwimmunterricht erhalten hätten.

Außerdem ______________________________

____

____

____

____

____

Ich bitte Sie, den Entschluss noch einmal zu überdenken und mit dem Kollegium zu besprechen. Wenn man den Unterricht auf drei Schulstunden ausweiten würde, hätte man mehr Zeit und könnte auch weiter entfernte Schwimmbäder ansteuern. Vielleicht könnten sich auch mehr Lehrkräfte fortbilden, um Schwimmunterricht erteilen zu können. Dann wären die Gruppen kleiner. Hoffentlich haben meine Argumente Sie überzeugt.

Mit freundlichen Grüßen
Gregori Gernik, Klasse 6b

3 **Unterstreiche in Gregoris Mail das Beispiel, mit dem er ein Argument unterstützt.**

So liefen die Übungen:

______________ ☺ 😐 ☹

5 Texte überarbeiten

Wortwahl verbessern

Wenn du einen Text fertig geschrieben hast, lies ihn noch einmal genau durch und prüfe, ob du ihn **verbessern** kannst.

→ Zweifelsfälle in **Rechtschreibung** und **Zeichensetzung** schlage nach und verbessere deine Fehler.

→ Überprüfe auch deine **Wortwahl.** Oft kannst du etwas passender ausdrücken. Achte darauf, zu welchem Aufsatztyp dein Text gehört.

Erzählen	Beschreiben	Berichten	Argumentieren
anschauliche und abwechslungsreiche Verben und Adjektive; Hilfsverben vermeiden (haben, sein)	genaue Begriffe, Maße, Vergleiche, Fachbegriffe	sachliche Sprache ohne Wertung	abwechslungsreiche Satzverknüpfungen

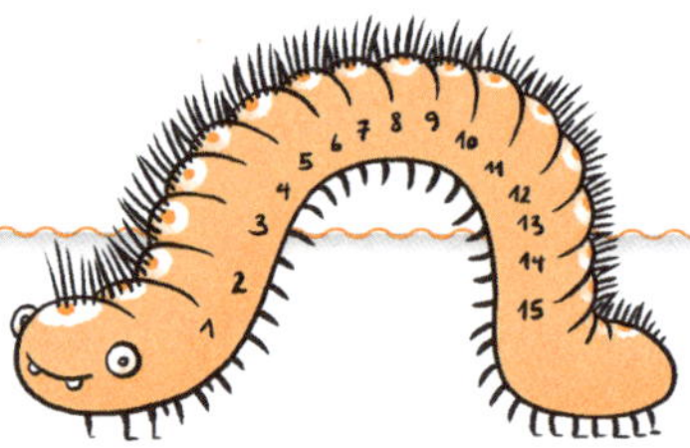

1 **Adjektive in einem Erzähltext kannst du interessanter machen, wenn du sie verstärkst. Finde für folgende Adjektive solche Verstärkungen.**

schnell – blitzschnell

alt – ______________________ dunkel – ______________________

weiß – ______________________ kalt – ______________________

2 **Welcher Begriff passt besser in eine Beschreibung? Kreuze pro Zeile einen an.**

☐	mit einem Zickzackmuster	☐	gemustert
☐	rot	☐	kirschrot
☐	faustgroß	☐	etwa 15 Zentimeter lang
☐	Butter heiß machen	☐	Butter zergehen lassen
☐	zylinderförmig	☐	rund
☐	Zweikomponentenkleber	☐	Klebstoff

3 **Streiche in diesem Auszug aus einem Bericht die Begriffe, die nicht genau genug sind, durch und schreibe treffendere Formulierungen darüber.**

der junge Pudel – am letzten Freitag – ein sechzehnjähriger Jugendlicher – eine siebzigjährige Rentnerin – für eine Viertelstunde

Neulich brachte eine Frau auf der Kreuzung Hauptstraße/Mühlenweg in Neustadt den Verkehr kurz zum Erliegen. Sie verfolgte ihren Hund. Der Hund war ausgerissen und lief kreuz und quer über die Straßen. Erst als ein junger Mensch das Tier einfing und festhielt, konnte sie es wieder an die Leine nehmen. Weder der Hund noch die Frau kamen zu Schaden.

4 **Paul möchte an einem Zeltlager einer Jugendorganisation teilnehmen. Er versucht, seine Eltern zu überzeugen. Verbinde jeweils zwei Satzteile mit den Satzverknüpfern und schreibe die Satzgefüge auf.**

Ich möchte gern mitfahren, …	dass	Mein bester Freund fährt mit.
Für die Teilnahme spricht auch, …	weil	Ich werde selbstständiger.
Ich wünsche mir die Fahrt, …	damit	Ich habe viel Spaß in der Gemeinschaft.

So liefen die Übungen:

Satzanfänge und Satzbau variieren

Um einen eigenen Text zu verbessern, lies ihn wie einen fremden Text durch und lasse ihn auf dich wirken.
Prüfe, ob du abwechslungsreiche **Satzanfänge** und einen unterschiedlichen **Satzbau** verwendet hast. Damit gewinnt der Text bei den Leserinnen und Lesern mehr Aufmerksamkeit.

1 **Welcher Textabschnitt ist besser gelungen? Kreuze an.**

☐ **A** Ich schaute aus dem Fenster. Ich bemerkte zwei große Hunde, die allein über den Gehsteig liefen. Ich musste zweimal hinsehen. Dann hatte ich erkannt, dass es keine Hunde, sondern Wildschweine waren.

☐ **B** Als ich aus dem Fenster schaute, bemerkte ich zwei große Hunde, die allein über den Gehsteig liefen. Erst nachdem ich zweimal hingesehen hatte, erkannte ich, dass es keine Hunde, sondern Wildschweine waren.

2 **Verbessere die folgenden Sätze, indem du die Satzanfänge und den Satzbau änderst.**

Die Tankstelle am Waldrand war durchgehend geöffnet. Meist kam am frühen Morgen eine Wildschweinrotte aus dem Wald. Das erzählte ein Mitarbeiter der Tankstelle. Dann liefen die Wildschweine in die Gärten und Grünanlagen. Sie durchwühlten mit ihren Schnauzen den Boden auf der Suche nach Nahrung. Manche Wildschweinfamilien machten sich schon in der Abenddämmerung auf den Weg.

____

____

____

____

3 **Suche passende Formulierungen als Satzanfänge aus und setze sie ein.**
Tipp: Es gibt mehrere Möglichkeiten.

Allerdings – Bevor – Da – Dann – Denn wenn – Nachdem – Obwohl – Sobald – Soweit – Wo

Ein Wildschwein stand neben einem Baum, um seine Zähne daran zu wetzen. ____________ kam ein Fuchs vorbei. ____________ er eine Weile zugeschaut hatte, fragte er: „____________ ich sehe, droht nirgendwo eine Gefahr. Warum wetzt du die Zähne?" Das Wildschwein antwortete: „Ich habe meine Gründe. ____________ plötzlich eine Gefahr kommt, brauche ich scharfe Zähne, damit ich mich verteidigen kann. ____________ habe ich aber keine Zeit, mir die Zähne zu wetzen." Die Fabel lehrt: ____________ die Gefahren da sind, ist es zu spät, sich vorzubereiten.

So liefen die Übungen:

____

5

Spannung erzeugen

Ob dein Text die Leserinnen und Leser **überzeugt,** hängt auch davon ab, ob er **spannend genug** ist. Prüfe, ob es Stellen in deinem Text gibt, die eher nichtssagend oder sogar langweilig klingen.
Ändere sie ab, indem du diese Tipps befolgst:

→ **Tipp 1:** Schreibe möglichst im **Aktiv.**
Beispiel: Am Morgen wurde mal wieder gestritten. Besser: Am Morgen gerieten Marlene und ihre Mutter mal wieder in einen heftigen Streit.

→ **Tipp 2:** Weise die Leser mit **Signalwörtern** darauf hin, dass gleich etwas Spannendes passiert. Signalwörter sind z. B. *plötzlich, auf einmal, wie aus dem Nichts, unverhofft, vorsichtig.*
Beispiel: Sie hatte sich gerade beruhigt, als auf einmal ein lauter Knall zu hören war.

→ **Tipp 3:** Verwende **Ausrufe** und **Fragen.**
Beispiel: Donnerwetter! Wie kam der Stein jetzt hierher?

→ **Tipp 4:** Drücke auch **Ahnungen** oder **Deutungen** aus. Dafür kannst du auch **unvollständige Sätze** verwenden.
Beispiel: In Marlene kam ein Verdacht hoch. Sollte tatsächlich Marvin …?

→ **Tipp 5:** Verdeutliche die **Gefühle** und **Gedanken** der Personen, sodass man sich die Situation besser vorstellen kann.
Beispiel: Marlene musste sich setzen. Ihre Knie zitterten und ihr war abwechselnd heiß und kalt.

1 **Untersuche die folgenden Sätze: Welcher Tipp von oben wurde hier angewendet? Trage die Nummern der Tipps ein.**

Als die Tür ins Schloss fiel, wusste Amira sofort: Jetzt gab es kein Zurück mehr! Ihr lief ein kalter Schauer über den Rücken.	Tipp Nr.:
Mittlerweile hatte sie den Stadtrand erreicht und setzte sich für eine kleine Pause auf eine Bank. Auf einmal klingelte ihr Handy.	Tipp Nr.:
Oh nein! Wer rief sie um diese Zeit noch an?	Tipp Nr.:
Die Nummer war unterdrückt. Das konnte doch nur bedeuten …	Tipp Nr.:

1 2 3 4 5 6

2 **Setze die Signalwörter an passenden Stellen in den Text ein.**

unverhofft – vorsichtig – wie aus heiterem Himmel

Nun war sie schon die ganze Nacht unterwegs. Im Nebel tauchte eine Scheune auf. ______________________ näherte sie sich, um nachzusehen, ob dies ein Schlafplatz für sie sein könnte.

Am nächsten Morgen packte sie rasch ihre wenigen Sachen zusammen und wollte das Tor öffnen. Doch völlig ______________________ tauchte eine neue Schwierigkeit auf: Es war abgeschlossen!

Wie sollte sie aus der Scheune herauskommen? Verzagt setzte sie sich ins Heu und überlegte. Da stand ______________________ ein kleines Mädchen vor ihr. Wie war es hier hereingekommen?

3 **Schreibe den folgenden Text so um, dass er spannend wird und Interesse weckt.** **Tipp:** Du kannst eigene Ideen in den Text einfließen lassen.

Das Mädchen zeigte ihr die Öffnung. Zwei Latten in der Holzwand konnte man zur Seite schieben. Das Mädchen wollte ihr helfen.

____

____

____

____

So liefen die Übungen:

______________ ☺ 😐 ☹

6 Kreative Texte schreiben

Eigenen Schluss schreiben

Wenn du für eine vorgegebene Geschichte **einen eigenen Schluss** aufschreiben willst, musst du vorher drei Dinge klären, damit dein Schluss auch zur Geschichte passt:

1. In welcher **Zeitform** ist die Geschichte geschrieben? Diese Zeitform wählst du auch für deinen Schluss.
2. Aus welcher **Perspektive** ist die Geschichte erzählt? Wenn aus der Sicht eines Ich-Erzählers oder einer Ich-Erzählerin erzählt wird, musst du dies beibehalten. Das gilt auch, wenn von einem Er oder einer Sie oder mehreren Personen die Rede ist.
3. Sind die **W-Fragen** geklärt? Es muss klar sein, wer die Hauptfigur ist, wo und wann das Geschehen spielt und was bisher passiert ist.

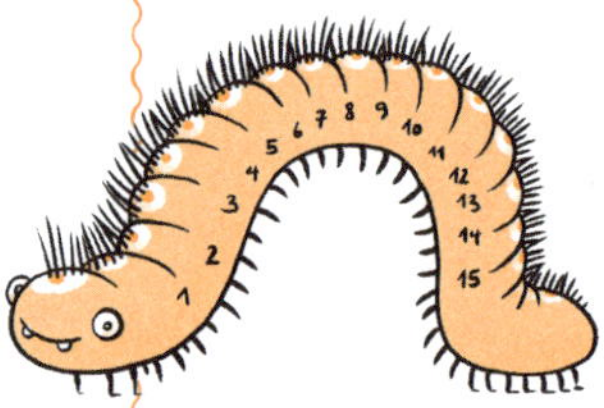

Jetzt kannst du Ideen für den Ausgang der Geschichte sammeln, z. B. auf Karteikarten oder in einem Cluster:

- → Wie könnte sich am Schluss die Spannung auflösen?
- → Wird ein Problem gelöst? Wie?
- → Werden die Leserinnen und Leser überrascht?

1 **Lies die kurzen Inhaltsangaben der Geschichten. Ergänze die Angaben in der Tabelle.**

A: Ich hatte meine Freundin Ana besucht. Auf dem Heimweg riss mir jemand im Bus mein Handy aus der Hand. Der Dieb drängelte sich durch die Fahrgäste und stieg an der nächsten Haltestelle aus. Ich rannte hinterher …	B: Marc und Tom übernachten in ihrem neuen Zelt im Garten. Gemütlich liegen sie in ihren Schlafsäcken und lesen sich im Schein der Taschenlampe etwas vor. Da hören sie ein scharrendes Geräusch neben der Zeltwand …	C: Oleg gehörte zur Theatergruppe seiner Schule. In „Aladin und die Wunderlampe“ spielte er einen der Palastwärter. Bei der Generalprobe stürzte der Darsteller des Aladin und brach sich ein Bein …
Zeitform:	Zeitform:	Zeitform:
Perspektive:	Perspektive:	Perspektive:

Hauptfiguren:	Hauptfiguren:	Hauptfiguren:
Ort des Geschehens:	Ort des Geschehens:	Ort des Geschehens:

2 **Suche dir eine Geschichte aus Aufgabe 1 aus und schreibe Stichwörter für einen Schluss auf.** Tipp: Die Fragen können dir dabei helfen!

- Wie könnte sich am Schluss die Spannung auflösen?
- Wird ein Problem gelöst? Wie?
- Werden die Leserinnen und Leser überrascht?

3 **Formuliere drei bis vier vollständige Sätze zu deinem Schluss. Schreibe sie auf.** Tipp: Nutze deine Stichwörter aus Aufgabe 2.

So liefen die Übungen:

6

Märchen umschreiben

Wenn du ein Märchen umschreiben willst, musst du in deinem neuen Text die **Merkmale eines Märchens** beibehalten.
Dazu gehören:
- der Anfangssatz „Es war einmal“,
- ein Held oder eine Heldin,
- der Sieg des Guten,
- fantastische Elemente wie sprechende Tiere oder Zauberei.

Du kannst an einem Märchen eine oder mehrere Sachen verändern:
- die Handlung,
- die Umgebung,
- die Eigenschaften einer Figur,
- das Ende.

1 **Lies die Auszüge aus zwei Märchen und beantworte die Fragen.**

A Die dreizehnte Fee sprach: „Die Königstochter soll an ihrem fünfzehnten Geburtstag im Burghof ein rauschendes Fest feiern und mich dazu einladen.“ Da trat die zwölfte Fee hervor und sagte: „Das stimmt doch nicht! Sie soll in einen hundertjährigen Schlaf fallen.“	B Der Esel sagte zu dem Hund: „Wir gehen nach Bremen. Etwas Besseres als den Tod finden wir überall.“ Bald saß da eine Katze am Weg, auch sie wollte mit. Schließlich schloss sich ein Hahn der Gruppe an. Die Vier beschlossen, gemeinsam einen Blog über Tierschutz zu betreiben.
Wie heißt das Originalmärchen?	
Was wurde verändert?	

1 2 3 4 5 6

2 **Das Märchen „Die Prinzessin auf der Erbse" wurde umgeschrieben. Lies den neuen Text und schreibe in Stichworten auf, was verändert wurde.**
Tipp: Im Internet findest du das Originalmärchen.

Es war einmal eine Prinzessin, die wollte heiraten, aber ihre Mutter, die Königin, wollte nur einen echten Prinzen akzeptieren. Eines Abends klopfte es bei einem schrecklichen Gewitter an das Schlosstor. Ein Prinz stand draußen und bat um ein Nachtlager. Man ließ ihn herein und gab ihm zu essen. Der Prinzessin gefiel der Gast. Da hatte ihre Mutter eine Idee: Sie türmte zehn Matratzen und zehn Federbetten übereinander und legte heimlich ganz unten auf den Boden eine Erbse. Am nächsten Morgen erkundigte sie sich, ob der Prinz gut geschlafen hatte, denn nur ein echter Prinz würde die Erbse spüren. „Zuerst musste ich die Erbse unter den Matratzen entfernen", sagte er, „dieser Test greift immer mehr um sich. Aber dann habe ich wunderbar geschlafen."
Daraufhin …

Prinz und Prinzessin wurden vertauscht, ____________________

____

____

____

3 **Wie könnte das neue Märchen aus Aufgabe 2 zu Ende gehen? Schreibe deine Idee auf.**

____

____

____

____

So liefen die Übungen:

⏰ ______________ ☺ 😐 ☹

6

Gedicht weiterschreiben

Ein Gedicht ist in **Versen** geschrieben, die wiederum meist in **Strophen** unterteilt sind. Die Wörter am Ende eines Verses **reimen** sich oft. Das **Versmaß** bezeichnet die Folge von betonten und unbetonten Silben im Gedicht; dadurch entsteht beim Sprechen ein **Rhythmus.** Im folgenden Beispiel von Wilhelm Busch sind die betonten Silben hervorgehoben.

Beispiele: **Max** und **Mo**ritz, **gar** nicht **trä**ge,
sägen **heim**lich **mit** der **Sä**ge,
ritze**rat**ze, **vol**ler **Tü**cke,
in die **Brü**cke **ei**ne **Lü**cke.

Wenn du ein Gedicht weiterschreiben willst, greifst du diesen Rhythmus auf, damit die neuen Strophen zu den schon vorhandenen passen. Eine Fortschreibung zu den Versen oben könnte z. B. so lauten:

Beispiele: **Und** dann **war**ten **sie** ge**spannt,**
Kommt bald **je**mand **an**ge**rannt?**

1 **Diese Verse aus „Max und Moritz" von Wilhelm Busch stehen hier nicht in der Versform. Markiere jeweils das Ende eines Verses mit einem senkrechten Strich und unterstreiche die Reimwörter.**

(Die Witwe Bolte hat auf dem Herd gebratene Hühner, die Max und Moritz durch den Schornstein stehlen möchten. Während sie in den Keller geht, beobachtet ihr Hund, ein Spitz, in der Küche merkwürdige Dinge und kommt selbst in schlimmen Verdacht …)

Eben geht mit einem Teller Witwe Bolte in den Keller, dass sie von dem Sauerkohle eine Portion sich hole, wofür sie besonders schwärmt, wenn er wieder aufgewärmt. Unterdessen auf dem Dache ist man tätig bei der Sache. Max hat schon mit Vorbedacht eine Angel mitgebracht. Schnupdiwup, da wird nach oben schon ein Huhn heraufgehoben! Zwar der Spitz sah es genau und er bellt: Rawau, rawau! Aber schon sind sie ganz munter fort und von dem Dach herunter. Na, das wird Spektakel geben, denn Frau Bolte kommt soeben. Angewurzelt stand sie da, als sie nach der Pfanne sah. Alle Hühner waren fort. „Spitz!", das war ihr erstes Wort.

(Auszug aus „Max und Moritz, Zweiter Streich". Aus: Wilhelm Busch, Sämtliche Werke. Herausgegeben von Rolf Hochhuth. C. Bertelsmann Verlag, München 1982, S. 28–30.)

1 2 3 4 5 6

2 **Finde zu folgenden Wörtern jeweils mindestens ein Reimwort.**
Tipp: Es können unterschiedliche Wortarten sein wie im Beispiel.

nein – sein – fein – gemein – Schwein

Regen – ______________________________

Nuss – ______________________________

vier – ______________________________

3 **Ergänze die fehlenden Reimwörter in diesem Gedicht.**

Der Stein (von Joachim Ringelnatz)
Ein kleines Steinchen rollte munter
von einem hohen Berg ______________ .

Und als es durch den Schnee so ______________ ,
ward es viel größer als es wollte.

Da sprach der Stein mit stolzer ______________ :
„Jetzt bin ich eine Schneelawine."

Er riss im Rollen noch ein Haus
und sieben große Bäume ______________ .
…

(Aus: Die Gedichte von Joachim Ringelnatz. Herausgegeben von Fritz und Katinka Eycken, Gerd Haffmanns bei Zweitausendeins, 2005, S. 36.)

4 **Schreibe selbst eine letzte Strophe zu dem Gedicht aus Aufgabe 3.**
Tipp: Im Lösungsteil findest du, was der Dichter geschrieben hat.

____

____

So liefen die Übungen:

____

6

Persönlichen Brief schreiben

Es gibt viele **Anlässe,** um jemandem einen selbst geschriebenen Text zu schicken, sei es als **Brief** mit der Post, als **E-Mail** oder als **Kurznachricht** über einen Sofortnachrichtendienst, z. B. eine **SMS.**

Beispiele: Du willst jemandem zum Geburtstag gratulieren.
Du möchtest über ein besonderes Erlebnis berichten.
Du sendest Grüße aus dem Urlaub.

In einem persönlichen Brief schreibst du nicht sachlich, sondern du drückst deine **Gefühle, Stimmungen, Eindrücke** aus. Du kannst dafür auch **Umgangssprache** verwenden.

Beispiele: „Und dann, wow, sah ich zum ersten Mal einen Wal im Meer schwimmen."
„Du kannst dir sicher vorstellen, wie geplättet ich war."
„Wie du immer sagst: Von nix kommt nix."

Du kennst die Empfängerin oder den Empfänger und möchtest dich ihr oder ihm mitteilen, so ähnlich wie in einem Gespräch. Allerdings kann sie oder er erst später darauf antworten. **Sprich die Person direkt an** und **stelle Fragen** – dann wird der Brief umso persönlicher.

1 **Für welche Form der Mitteilung du dich entscheidest oder ob du vielleicht lieber telefonierst, hängt von verschiedenen Überlegungen ab. Kreuze an, welchen du zustimmst.**

- ☐ In einem persönlichen Brief per Post drücke ich mehr Wertschätzung aus.
- ☐ Meine Großeltern sind mit Smartphone oder Computer nicht so vertraut.
- ☐ Eine Mitteilung per SMS muss kurz und knapp sein.
- ☐ Am Telefon oder Smartphone bekomme ich rascher eine Antwort.
- ☐ Einen Brief zu schreiben ist mir zu aufwändig und mühsam.
- ☐ Meine E-Mails archiviere ich übersichtlich in verschiedenen Ordnern.
- ☐ Ich habe eine schlecht lesbare Handschrift.

2 **Lies die folgenden Anlässe und entscheide dich für die passende Form der schriftlichen Mitteilung. Kreuze an.**

Anlass	Brief	E-Mail	SMS
A Du möchtest einen Streit mit deinem besten Freund beenden und bittest ihn um ein Treffen.			
B Du bedankst dich bei deinen Großeltern für ihr Geburtstagspäckchen.			
C Ein Mitschüler hat dir während einer Krankenzeit regelmäßig die Hausaufgaben nach Hause gebracht, wofür du dich bedanken möchtest.			
D Im Urlaub hast du ein nettes französisches Mädchen kennengelernt. Ihr habt beschlossen, in Kontakt zu bleiben und euch regelmäßig zu schreiben.			

3 **Leo hat nach dem Urlaub einen Brief an seine neue französische Freundin geschrieben. Ergänze den Brief noch, indem du dich nach etwas erkundigst, z. B. nach einem Rezept oder einem Spiel, und finde einen passenden Schlusssatz.**

Liebe Noemi,
seit einer Woche bin ich nun schon wieder zu Hause, aber ich denke gern an unseren Urlaub zurück. Meinen Freunden habe ich viel von dir und unseren Unternehmungen erzählt. Vor allem unsere Bootsfahrten fanden sie spannend. Wie ist es dir zu Beginn des neuen Schuljahrs ergangen? Ich sitze jetzt neben einem neuen Mitschüler, der sehr sympathisch zu sein scheint. Ich schreibe dir bald wieder und freue mich auch über Post von dir.

Bitte schicke mir ____________________

____

____

____

So liefen die Übungen:

 ____________ 

6

Kreativ schreiben mit Textvorlage

Wenn du einen **bestehenden Text als Grundlage** für einen eigenen Text nimmst, hilft dir das, um Ideen für die Handlung und die Personen zu entwickeln, weil du dich an den Vorgaben orientieren kannst. Sie bringen dich auf eigene Ideen.

- Gehe am besten so vor, dass du in einer **Mindmap** oder auf **Karteikarten** zu den **W-Fragen Stichworte sammelst.**
- Beginne mit der **Einleitung,** mit der du deine Leserinnen und Leser neugierig machst.
- Im **Hauptteil** erzählst du ausführlich, was passiert. Denke daran, Spannung aufzubauen, bis der **Höhepunkt** der Geschichte erreicht ist.
- Zum **Schluss** kommt die Auflösung oder eine überraschende Wende.
- Finde eine treffende **Überschrift.**

1 **Die Textvorlage soll das Gedicht von S. 58 über Witwe Bolte und Max und Moritz sein. Lies das Gedicht noch einmal genau durch. Plane eine Geschichte dazu aus der Sicht des Hundes in Ich-Form. Ergänze die Notizen mit eigenen Ideen.**

Hauptfigur: der Spitz von Witwe Bolte

Weitere Figuren: Max und Moritz, Witwe Bolte

Was geschieht?

Ich (Hund) liege in der Küche, beobachte die Witwe, die Hühnchen brät, köstlicher Duft, bekomme Hunger, Frau Bolte geht in Keller

2 **Schreibe die Geschichte weiter. Verwende die Zeitform Präteritum. Nutze auch wörtliche Rede. Ergänze eine Überschrift.**

Überschrift: ______________________________

Es war gegen Mittag. Ich lag in der Küche, während die Witwe Bolte mehrere Hühnchen in der Pfanne auf dem Herd briet. Wunderbare Gerüche zogen in meine Nase. Ich fragte mich, ob wohl auch für mich etwas davon abfallen würde. „Und jetzt hole ich mir noch etwas Sauerkraut aus dem Keller", murmelte mein Frauchen. Dann nahm sie eine Schüssel und verschwand. Ich muss sagen, ich war schon in Versuchung. Das knusprige Fleisch lockte mich sehr, aber ich beherrschte mich. Ich kenne doch Frau Bolte, das würde eine Menge Ärger geben, das wollte ich mir ersparen. Seufzend wollte ich mich gerade wieder auf meinen Platz legen,

da bemerkte ich plötzlich ______________________________

____

____

____

____

____

____

____

____

____

So liefen die Übungen:

______________ ☺ 😐 ☹

Lernkalender

Kapitel	Seite	Zeit	☺ 😐 ☹
Ideen sammeln und ordnen	4		
Anschaulich und lebendig erzählen	6		
Nacherzählen	8		
Reizwortgeschichte	10		
Bildergeschichte	12		
Erlebniserzählung	14		
Fantasiegeschichte	16		
Gegenstand beschreiben	18		
Tiersteckbrief	20		
Person beschreiben	22		
Vorgang beschreiben	24		
Spielanleitung	26		
W-Fragen beantworten	28		
Einleitung – Hauptteil – Schluss	38		
Bericht für die Schulhomepage	40		
Eine Meinung formulieren	42		
Argumente finden und einsetzen	44		
Leserbrief oder Mail schreiben	46		
Wortwahl verbessern	48		
Satzanfänge und Satzbau variieren	50		
Spannung erzeugen	52		
Eigenen Schluss schreiben	54		
Märchen umschreiben	56		
Gedicht weiterschreiben	58		
Persönlichen Brief schreiben	60		
Kreativ schreiben mit Textvorlage	62		